车联网新动力

数智变革赋能汽车产业转型

中国信息通信研究院　　葛雨明　余冰雁　于润东◎编著

人民邮电出版社

北　京

图书在版编目（CIP）数据

车联网新动力：数智变革赋能汽车产业转型 / 葛雨明，余冰雁，于润东编著. -- 北京：人民邮电出版社，2025. --（中国信通院集智丛书）. -- ISBN 978-7-115-65873-9

Ⅰ. U469-39

中国国家版本馆 CIP 数据核字第 2024WW2503 号

内 容 提 要

当前，车联网以信息通信技术的颠覆性创新及原创性应用为牵引，正带动智能网联汽车、智能交通、信息通信、城市治理等领域的要素创新配置、产业深度转型，是发展新质生产力的典型方向。本书站在车联网技术产业发展前沿，以总体性视角，聚焦全球汽车产业的关注热点，从车联网的基础概述、技术产业、应用实践及模式探索、展望这几个角度探讨车联网的跨行业赋能作用，以及技术、产业、应用的落地实现。本书涵盖大量应用案例，便于读者理解。

本书适合政府、企业、科研机构中与车联网相关的从业人员，以及对车联网行业发展感兴趣的技术人员和管理人员阅读。

◆ 编　　著　中国信息通信研究院　葛雨明　余冰雁　于润东
　　责任编辑　胡　艺
　　责任印制　马振武
◆ 人民邮电出版社出版发行　　北京市丰台区成寿寺路 11 号
　　邮编　100164　电子邮件　315@ptpress.com.cn
　　网址　https://www.ptpress.com.cn
　　固安县铭成印刷有限公司印刷
◆ 开本：710×1000　1/16
　　印张：17.5　　　　　　　　　2025 年 6 月第 1 版
　　字数：247 千字　　　　　　　2025 年 6 月河北第 1 次印刷

定价：99.80 元

读者服务热线：(010)53913866　印装质量热线：(010)81055316
反盗版热线：(010)81055315

全球汽车产业变革已开启智能网联的下半程，汽车产业核心竞争力正经历从"改变能源供给模式"向"改变车辆驾驶主导权"演进，智能网联促使汽车产品升级为新型智能终端，推进汽车、信息通信、交通运输跨产业链融合变革和数字经济新价值链构建。各国充分认识到车联网的重要赋能作用，持续加大政策和资金支持力度。近年来，在国家车联网产业发展专项委员会的统筹协调推进下，我国车联网产业在关键技术攻关、标准体系构建、基础设施部署、应用服务推广、安全保障体系建设等方面取得了一系列显著成果。业界对于车联网产业的发展方向形成了高度共识，共同探索出了一条新一代信息通信技术与汽车、交通运输等行业融合创新发展的实践之路。

车联网产业经历了以信息通信行业依托 5G、C-V2X 直连通信、人工智能等新技术创新来推动车联网测试验证与应用示范的发展阶段，目前已经进入以汽车、交通运输行业实际应用需求和市场发展趋势为牵引的车联网小规模部署与先导性应用实践的新阶段。如何解决跨行业深度融合、车联网基础设施统一部署、数据挖掘及利用、规模化应用推广、运营价值闭环建设、安全保障体系完善等方面的问题成为当前的重要挑战。近些年，产业界也在持续开展有益探索。

本书的编写团队来自中国信息通信研究院（以下简称"中

国信通院"）。中国信通院长期从事车联网研究，承担政府支撑任务，推进国际合作，凝集产业力量，引领行业发展，参与我国地方车联网基础设施建设，对国际热点形势、车联网内涵发展变化、系统架构演进、技术产业最新趋势、行业应用实践及运营模式的建设与探索等有深刻理解。

本书分为 4 篇共 13 章。

基础概述篇：结合部分应用例证，分析车联网对智能网联汽车、信息通信、智能交通、城市治理方面的赋能作用，介绍车联网的内涵发展变化，系统梳理车联网的发展历程及全球各国关注热点。

技术产业篇：首先提出车联网的技术体系和产业体系，整体探讨车联网组成；然后按车、路、网、云、安全 5 个环节展开分析技术和产业的发展现状及趋势；最后以数据为核心，并在此基础上提出车联网数据要素价值的三次释放，分析价值释放过程中所涉及的关键技术，以数据流通为重点总结各类流通模式的特征和应用案例。

应用实践及模式探索篇：详细总结并分析目前对业界影响重大的应用实践活动，包括持续多年的 C-V2X "四跨" 先导应用实践活动和近两年行业持续关注的智能车联网开放数据挑战赛，特别是对 C-V2X "四跨" 先导应用实践活动的测试内容、发现的问题、解决方案及未来的测试方向进行系统化分析。

展望篇：全面分析车联网作为一个复杂性系统工程所面临的一些现实挑战和难题，并提出发展建议。

参与本书编写工作的有葛雨明、余冰雁、于润东、康陈、关欣、李凤、林琳、龙翔宇、毛祺琦、龚正、房骥、郭美英、洪启安、雷凯茹、杨云鹿等。

本书的顺利完成离不开中国信通院技术与标准研究所车联网研究团队的细致工作，同时感谢 IMT-2020(5G) 推进组蜂窝车联（C-V2X）工作组提供数据资料。在本书的编写过程中，编写团队参考了国内外同行的论文、著作等相关成果及互联网上开放共享的信息，在此，谨向这些文章的作者一并表示衷心的感谢。

本书编写团队

目录
CONTENTS
▼

第一篇

基础概述篇

第一章

车联网赋能跨行业数字经济发展

　　车联网是新一代信息通信技术与汽车、电子、交通等深度融合的新基建、新应用、新业态，通过网络贯通汽车、道路交通基础设施、云平台等关键要素，实现车与车（V2V）、车与路（V2I）、车与网络（V2N）、车与人（V2P）等之间的数据交互和高效协同，构建了覆盖汽车、交通等全产业链、全价值链的全新服务体系。车联网跨界融合特征凸显，内涵不断延伸，从最初的通信领域，扩展成为包含"车－路－云－网－图－安"更多要素的生态系统，不仅可以扩展车辆对网络连接、数据流量等的需求，壮大信息通信产业规模，还可以通过网联化带动数字化，提升车辆智能化的功能和性能水平，赋能我国智能网联汽车产业高质量发展；同时可以支撑数字交通、智慧交管应用，增强高速公路服务水平，优化城市交通治理能力，提升公共出行安全和效率。

　　新质生产力是创新起主导作用，具有高科技、高效能、高质量特征，符合新发展理念的先进生产力质态。新质力生产力以全要素生产率大幅提升为核心标志，特点是创新，关键在质优，本质是先进生产力。对照下来，车联网正是以信息通信技术的颠覆性创新及原创性应用为牵引，带动智能网联汽车、智能交通、智慧城市治理等领域的要素创新配置、产业深度转型，是发展新质生产力的典型方向。

（一）车联网赋能智能网联汽车

我国汽车产业转型升级取得了阶段性的成果。2023 年我国汽车产销量首次突破 3000 万辆，出口量超 491 万辆，2024 年，我国汽车产销量双超 3100 万辆，其中新能源汽车产销量均超 1280 万辆，连续 10 年位居世界首位。汽车出口实现了 19.3% 的同比增长，达到 585.9 万辆[1]，跃居全球第一，自主品牌强势崛起，以"电动化"为核心的上半场汽车产业转型升级取得了巨大成就。与此同时，国际汽车制造商协会（OICA）的数据显示，我国人均拥车量还不到 0.23，相比来看，美国为 0.86、法国为 0.74、英国和德国为 0.63、日本为 0.61、韩国为 0.46，说明我国汽车保有量相较于传统车企大国仍有广阔的增长空间。2024 年政府工作报告明确提到"巩固扩大智能网联新能源汽车等产业领先优势""提振智能网联新能源汽车、电子产品等大宗消费"。2025 年政府工作报告中再次明确提出"大力发展智能网联新能源汽车、人工智能手机和电脑、智能机器人等新一代智能终端以及智能制造装备"，我国正全面布局汽车产业转型升级的"网联化、智能化"的下半场。

从国内智能网联汽车产业发展来看，车联网已经成为车辆"研产供销服"提质的重要使能领域。目前，我国新车联网率超过 70%[2]，以车联网为代表的新质生产力正在深度赋能汽车产业进一步从"中国制造"向"中国智造"升级。车联网可以支持对车辆运行数据进行采集、功能在线升级，驱动产品的高质、高效研发和长期保持竞争力。国际车企巨头特斯拉基于车联网实现了信息收集和分析、远程升级、驾驶辅助等功能，由此带来了超过 10%

1　来源：工业和信息化部。
2　来源：高工智能汽车研究院。

的高毛利率收入。我国车企在智能网联功能研发和数字化转型方面大力投入、广泛布局。例如，蔚来汽车基于车联网获取的车辆传感器数据分析改善自身产品乃至供应链的质量和性能，基于用户行为习惯、偏好等信息改进产品功能和提升用户体验；长安汽车搭建大数据基础能力和用户数据平台，面向全链路营销场景，赋能线索精益、精准投放、会员运营、商城运营、企业微信运营等，实现流量、效率与客户价值增长。另外，车辆联网可与单车智能的先进驾驶辅助系统（ADAS）融合发展，支持实现更精准可靠的驾驶辅助甚至自动驾驶，提升车辆核心价值。赛力斯与华为在软硬件及操作系统方面深度合作打造问界车型。仰望 U8、岚图追光等多个自主新能源汽车品牌借助智能化、网联化迈进高端市场。

从全球汽车产业发展的战略局势来看，车联网已成为我国畅通内外双循环、促进汽车出口的重要动力。在"一带一路"倡议背景下，汽车已成为我国对外出口的重要产品。过去，国内产品在海外市场主要依靠价格优势，随着车联网应用快速发展，国内汽车产品依赖智能网联的功能和性能，在品牌形象方面获得诸多加持，形成出口量质齐升态势。2023 年，比亚迪、奇瑞、长城等自主品牌智能网联汽车展现了明显的先发优势和创新能力，快速赢得海外消费者的认可和信赖；比亚迪正加速在海外建厂，泰国工厂已于 2024 年 7 月投产，印尼、匈牙利、土耳其等工厂也计划近期投产；长安汽车在德国慕尼黑注册子公司，除销售、市场营销和服务外，还将重点关注客户洞察、市场调研、技术规定等，这也为长期在欧洲的出口提供了支撑；蔚来在挪威、德国等国家开设体验中心、部署换电站；小鹏、极氪等自主新能源汽车品牌也纷纷进入欧洲市场，探索本地化的经销模式。随着我国汽车工业不断深度融合到全球产业链布局，构建自主可控的车联网"中国方案"并加强国际合作，成为既能构筑产业竞争优势、又能防"脱钩断链"的可行路径。

（二）车联网提振信息通信

伴随我国汽车产业转型升级，汽车不再只是单纯的交通工具，而是已经成为继手机之后规模最大的移动智能终端，加速向第三生活空间转变。它不仅显著提升了网络连接、数据流量等传统电信业务规模，还拓展了从智能出行到智慧生活的新场景，催生"超级VIP影院""高品质KTV练歌房""移动办公空间"等各类软件增值业务。可以说，伴随我国汽车特别是智能网联汽车保有量的不断提升，车联网已经成为拓展信息消费新空间的重要手段。

在以电信运营商、通信设备商为代表的通信领域，依托新型基础设施的车联网打通汽车与人、交通、城市的数据边界，将会带来显著的移动连接数和数据流量需求增长。蔚来、小鹏、理想等造车新势力加强与电信运营商的合作，利用车联网支持影音娱乐、驾驶训练数据回传等高价值功能。除车辆数据回传、在线系统升级、地图导航、远程控车等基本功能外，"蔚小理"等新势力每月为用户提供5～20GB的免费流量，上汽通用作为传统车企代表，也每年为用户提供高达100GB的免费流量。联通智网科技依托中国联通的网络为90家车企客户、7600多万车辆用户提供连接、创新应用服务。中国移动打造了车联网平台——OneTraffic，该平台接入的网联车辆近6000万辆，且在远程升级、车内影音等需求支撑下实现了较高的单用户每月贡献的平均收入值（AURP）。中国电信针对物联网中的车联网应用进行了全面的网络优化，从而更好地支持传统车联网业务模型向高并发、低时延、大带宽演进。在拓展从智能出行到智慧生活的新场景，催生信息消费新业态方面，互联网企业积极扩大业务版图，将手机、平板电脑业务积极迁移到车机，地图导航、移动出行、车内影音娱乐等智能应用迅速发展。国外奔驰、宝马、奥迪等豪华品牌车企正积极投入基于车联网的智能座舱研发升级，奔驰 E 级车在升级换代后，将搭载"TikTok""愤怒的小鸟""Zoom"等一系列网联的影音娱乐和工作生活应用软件。腾讯、阿里、百度、字节跳动等互联网企业积极布局车联网，视车载应用为其产业生态的重要拼图和战略发展方向，开发并量产了腾讯出行、微信车机版、车载高德地图、百度地图、抖音车机版等车载应用，与其既有生态密切连接，同时均积极布局基于 AI 大模型的车载语音交互应用，争抢车载端用户以及"线上到线下（O2O）"服务入口。此外，车联网的应用需求还成为增强版 5G（5G-A）、5G 轻量化（RedCap）等第五代移动通信技术（5G）演进的重要驱动力。中国移动在首批 5G-A 试点中重点验证了用于支持高上行带宽的三载波聚合（3CC）、兼顾通信和感知的通感一体化等技术，而其中大量的应用场景均指向了车联网。工业和信息化部发布了开展 2024 年度 5G 轻量化（RedCap）贯通行动的通知，重点强调了 5G RedCap 在智能汽车领域的车载终端设备研发、网络贯通、场景创新。

（三）车联网赋能智能交通

我国坚持"智慧的路"与"聪明的车"协同发展，交通运输主管部门提出坚持应用驱动，依托真实场景、解决真实需求，围绕驾驶自动化等智能交通创新前沿布局典型试点示范。2024 年，财政部、交通运输部联合印发《关于支持引导公路水路交通基础设施数字化转型升级的通知》，一方面推动大数据、物联网、人工智能、北斗导航等新技术与交通基础设施深度融合，体系化部署交通基础设施运行状态感知设备，建设沿线通信传输网络、交通诱导系统等，推动点、线、面一体联动和区域有效协同，实现基础设施智慧扩容；另一方面实施车路云一体化试点，在重点路段合理布局智能化路侧基础设施，分等级、分区域提供差异化智能服务，实现智能网联汽车出行引导、事件预警、协同辅助驾驶及自动驾驶等多样化场景应用。截至目前，我国已经完成了超 7000 千米道路智能化升级改造[1]，"车联网 + 智能交通"应用取得了初步成果，通过赋能智慧公交车、物流卡车、配送车辆、港口作业车辆等，极大地提升了运输效率和服务质量。

在智慧公交方面，车联网通过 LTE-V2X 技术（基于长期演进的车用无线通信技术）、5G，实现道路交管信息（如红绿灯的灯态信息）与车、车与运营中心的数据传输，支持公交车实现高效绿波通行、驾驶辅助、车辆运营全链条监管等功能。长沙建设了 315 路车路协同智慧公交车，其效果非常明显，通过与交警智能信控系统联动提高了约 30% 的通行效率，目前该方案已在 75 条线路、2000 余台公交车上推广。邯郸第一条公交 5G 示范线路搭建了智能交通云平台，依托 5G 公网实现公交车辆可视化监管、大数据运营支持等应用，针对局部热点区域的公交车辆，可通过 LTE-V2X 直连通信提供低时延、超可靠的信息播发服务。

在物流卡车方面，车联网通过 LTE-V2X 技术支持实现车辆编队行驶、车路协同辅助驾驶等功能，通过 5G 技术实现远程遥控驾驶、车货匹配、物流调度等功能，提升物流运输的自动化程度、安全水平和作业效率。上海东海大桥应用无人驾驶智能重卡，车与车之间通过 LTE-V2X 直连通信实现5 车编组跟驰自动驾驶运输作业，提升了 40% 的通行效率、节省了 80% 的人力成本，也在一定程度上降低了人工作业强度。在配送车辆方面，京东无人配送车在多地部署，单车日均完成单量超 2000 个；合肥无人驾驶配送

1　来源：中国信通院。

车企业与快递物流、本地商超之间达成合作，组成配送车队，已实现商业闭环。

在港口作业车辆方面，车联网通过 5G 与 LTE-V2X 协同的区域内专用网络解决方案，支持自动驾驶、车货管理等车车协同、车港协同应用。龙拱港、日照港等多个河、海港口同步建设 5G 虚拟专网与 LTE-V2X 网络，港口内的无人集装箱卡车（以下简称"集卡"）通过 5G 专网实现远程遥控驾驶，依托 LTE-V2X 网络在内外集卡混行的道路上实现碰撞预警等，大幅降低了人工作业成本、提升了作业效率和可靠性。目前，该应用已实现常态化运行。

（四）车联网赋能城市治理

在数字中国的战略背景下，城市治理的数字化转型已成为各级政府最为重视的命题之一。车联网在赋能智能网联汽车发展的同时，还可以通过收集交通参与者的各类信息，助力城市应对交通拥堵、能源压力、污染物和碳排放等多重挑战。2021 年起，住房和城乡建设部、工业和信息化部联合组织开展智慧城市基础设施与智能网联汽车协同发展试点（"双智"试点）工作，先后两批共确定了 16 个城市入围试点工作。在城市治理领域，"双智"试点城市重点验证了车联网赋能交通治理、城市作业、节能降碳等典型应用场景，总结了经验并形成了一批可复制推广的成功模式。

在交通治理方面，通过对城市路口进行网联化、智能化改造，车联网系统可采集车道、车辆、行人的状态信息，推送至平台进行统计、分析，相关数据除赋能智能网联汽车外，还可实现道路交通数字孪生，形成精细化的动态交通管控指令，缓解交通拥堵，减少交通事故的发生，甚至确保特殊车辆优先通行。襄阳基于车联网路侧感知数据，可以对红绿灯根据车流量自动调整配时，减少路口空等、空放现象，在高峰期将路口排队长度从上百米减少至 50m。

在城市作业方面，新商业模式的产生，如无人清扫、无人安防等场景，显著地提升城市居民对车联网及自动驾驶的认知。无锡市锡山商务区内已开展常态化无人清扫运营，完成区内超 1000000m^2 的道路保洁与数十万平方米的绿化保洁工作，车队累计作业里程近 70000km，累计作业时长达 13000h。

在节能降碳方面，利用已有路侧智能网联基础设施的感知能力，监测实时道路交通情况，并获悉精细化的车速、车型、道路流量等相关数据，一方面通过车联网向车辆下发减碳策略与行驶建议，另一方面将区域出行数据转化为碳排放数据上报平台。中信科智联开发并搭建了道路交通碳排放平台，通过该平台城市治理者可实时监管区域道路碳排放数据及制定管理减碳策略；配合移动应用，还可为用户提供个人低碳出行及碳普惠激励，引入绿色激励、绿色生活、碳足迹跟踪、碳交易市场等机制，让人们获得绿色出行体验，企业获得碳减排收益。目前，各方正在推动该平台在多个地方的落地。

小结

车联网具有跨行业融合的特色，涉及信息通信、汽车、交通运输、交通管理等。对于发展车联网这一新质生产力，产业各方既要抓住机遇，又要应对众多挑战，这是一篇系统性、高复杂度的"大作文"。从机遇角度来说，车联网是落实制造强国、交通强国、网络强国和数字中国建设的重要举措，是实现经济社会高效、便捷、安全与低碳运转的重要动力。产业各方要及时将科技创新成果应用到具体产业和产业链上，改造提升传统产业，培育壮大新兴产业，布局建设未来产业，完善现代化产业体系，提升产业链供应链韧性和安全水平，保证产业体系自主可控、安全可靠。从挑战角度来说，跨行业融合需要产业各方凝聚共识、形成合力，结合各自分工和优势资源，在技术、产品、场景、商业模式等方面加强合作，同时加强国内外交流，畅通国际大循环，围绕推进新型工业化和加快强国建设战略任务，科学布局科技创新、产业创新，促进数字经济和实体经济深度融合，打造具有国际竞争力的数字产业集群。

▷ 第二章
车联网内涵及热点关注

汽车上的第一台电话设备，是车辆和通信网络连接并提供服务的初级形式，开启了信息通信技术在汽车行业的应用。在信息通信、汽车、电子、交通控制等技术演进发展的加持下，车联网的连接对象、服务功能、服务对象等不断丰富，从而带动着车联网的内涵也在不断地发生变化，并逐渐凸显出其日益重要的战略地位。国际主流国家纷纷加大投入，持续推动车联网产业加速发展。

（一）车联网发展历程及内涵

1. 车联网的发展历程

车联网以车、车上的驾驶员和乘客为主要服务对象，持续致力于提供安全、舒适、高效、便捷、绿色的驾乘体验和出行服务。蜂窝移动通信、人工智能等信息通信技术的发展，加速了智能手机、计算机等设备的普及。通过车与通信网络的连接，人们对汽车信息娱乐系统的期望不再局限于导航、播放音乐等基本功能，开始追求更方便、更快捷、更友好的驾乘体验；同时，大数据、人工智能、物联网等技术发展促进了汽车智能化水平的不断提升，汽车通过更先进的通信技术和传感技术，实现车与车、车与路、车与人等多方面的智能信息交互和协同控制，从而提高其驾驶自动化能力和智能出行服务能力。

（1）车载信息娱乐系统发展历程

1910 年，爱立信公司的创始人将电话设备安装在汽车上。通过它，人们在汽车上能够随时拨打电话，由此汽车拥有了与外界进行远程语音交流的功能，通信技术首次被引入汽车领域，自此开启了信息通信技术在汽车领域的应用历程。

1924 年，雪佛兰公司将首款收音机搭载在汽车上。1930 年，摩托罗拉公司推出了第一款商用车载收音机，自此车载收音机逐渐成为众多汽车的标准配置。收音机的普及与应用丰富了人们在汽车中的娱乐体验，推动了汽车车载信息娱乐系统的发展。

1966 年，通用汽车推出 DAIR 系统。这套系统能够提供救援（Aid）、信息服务（Information）与路径导航（Routing）3 方面的功能服务，其中通过对讲机实现驾驶员和附近的通信中心之间的信息交换，通过汽车与埋在地面下的磁体感应控制相关信息指示来实现路径导航。DAIR 系统被认为是车载信息娱乐系统（Telematics）的雏形，它所提供的救援、车辆安防、信息与导航三大功能，正是 Telematics 发展的核心功能。

1996 年，通用汽车研发了世界最早的车联网系统，命名为安吉星（OnStar）。1997 年，首款安装 OnStar 系统的凯迪拉克车型问世，这是世界上第一个汽车行业的信息服务系统，利用网络将汽车与云端服务器连接起来，实现对汽车状态、位置、行驶数据等信息的采集和传输，并提供基于云计算和大数据分析的各种信息服务，如车辆定位、紧急呼叫服务、远程诊断服务、车辆防盗等，拉开了车联网车载信息娱乐服务的序幕。

21 世纪，随着移动蜂窝通信技术、导航技术（如 GPS、北斗卫星导航系统等）、汽车电子、人工智能等技术的发展，车载信息娱乐服务越来越丰富，车载信息娱乐系统发展历程如图 2-1 所示。

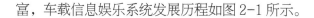

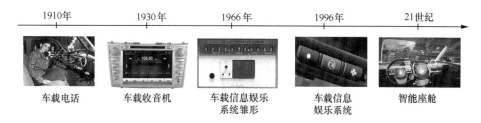

图 2-1　车载信息娱乐系统发展历程

在第三代移动通信技术（3G）时代，车联网主要提供导航、娱乐和救援服务，如奔驰 Mercedes me、丰田 G-BOOK、上汽 inkaNet、长安 Incall 等系统，提供路径规划（打电话问路）、机票和酒店的预订咨询、高清视频观看、电子游戏、空调预启动、远程车门解锁、道路救援等服务。

在第四代移动通信技术（4G）时代，智能手机、移动互联网的普及带动了车联网的高速发展。车联网提供更加丰富的车载信息、移动娱乐与消费等服务，如实时车辆远程诊断、OTA、路况实景影像、高清视频通话、车内支付系统、个性化车联网保险服务等。

在第五代移动通信技术（5G）时代，具有大带宽、低时延、超可靠等特性的 5G 及汽车电子、人工智能等技术的发展，推动了高度集成化、多屏互联的智能座舱的出现，加速了汽车向集娱乐、办公、生活、社交于一体的第三生活空间的转变。智能座舱可提供增强现实 / 虚拟现实（AR/VR）、家庭影院、实时游戏、车道级导航、汽车全景可视、多模态人机交互等服务。

（2）汽车网联驾驶发展历程

20 世纪 50 年代，随着汽车保有量增加，交通事故和交通堵塞等问题日益突出。日本、美国和欧洲国家纷纷在 20 世纪六七十年代开始开展无人驾驶项目研究，以提升车辆的安全性，减少交通事故的发生。如日本的汽车交通综合控制系统（CACS）、美国的电子路径诱导系统（ERGS）等，这些项目虽成功进行了试验，但在实际中却都难以部署商用。同时研究发现，无人驾驶的实现离不开公共基础设施的支持。

20世纪80年代后期，无人驾驶项目开始逐渐转向给驾驶员提供驾驶辅助服务，并由对单车系统的研究转向车路协同的研究，目标是通过新一代信息通信技术实现车与车、车与路、车与人等之间的数据交互和高效协同。其中，支持车路协同系统的无线通信技术主要经历了以下3个发展阶段。

第一阶段（20世纪90年代至2014年），以IEEE 802.11p为基础的车与路或车与车间专用短程通信（DSRC）技术探索。20世纪90年代，美国、欧洲国家和日本相继开始研究DSRC技术，以提供驾驶辅助或全自动控制功能。1999年，美国联邦通信委员会（FCC）规定5.9GHz频段为DSRC的专用频段。2003年，美国材料与试验协会（ASTM）发布了5.9GHz频段的DSRC标准——ASTM E2213-03标准，并推动电气电子工程师学会（IEEE）开始制定车路协同专用短距离通信标准。2010年，IEEE 802.11工作组发布了IEEE 802.11p标准，在移动热点（Wi-Fi）技术基础上改进适用车载环境下的专用短程通信技术。IEEE 802.11p标准发布后，欧洲国家和日本车路协同无线通信技术底层协议均采用该标准，根据区域需求制定上层协议新标准。2008年，欧洲电子通信委员会（ECC）将5.875～5.925GHz频段的50MHz分配给DSRC用于智能交通系统（ITS）的道路安全应用，另分配5.855～5.875GHz频段的20MHz用于ITS的非道路安全应用。2010年，日本在700MHz频段为DSRC分配了10MHz的专用频率资源，用于支持道路安全应用。

第二阶段（2015年至2019年），IEEE 802.11p与蜂窝车联网（C-V2X）

进行技术路线竞争。2015 年初，在中国、韩国等积极推动下，第三代合作伙伴计划（3GPP）正式启动基于蜂窝移动通信的 C-V2X 的技术需求和标准化研究，支持车路协同通信的低时延、超可靠等性能要求。2017 年 3 月，3GPP 发布 LTE-V2X Release 14 版本标准，支持基本的道路安全和交通效率类应用；2018 年 6 月，3GPP 发布 LTE-V2X Release 15 版本标准，支持增强车路协同应用；2020 年 6 月，3GPP 完成 NR-V2X Release 16 版本标准，支持高度协同驾驶服务。2018 年 1 月，中国在全球率先发布 LTE-V2X 直连通信频谱，为 C-V2X 产业发展奠定了良好基础，同时在无锡、上海、北京等地开展试验验证及应用示范，主导 C-V2X 通信技术产业化应用。

第三阶段（2020 年至今），C-V2X 技术成为国际主流技术。2020 年 11 月，FCC 将 DSRC 技术的专用频段划分给 Wi-Fi 和 C-V2X 使用，将其中的 5.895～5.925GHz 频段的 30MHz 频谱划分给 C-V2X 技术，这标志着美国正式转向发展 C-V2X 技术。2022 年 12 月，美国智能交通协会等十大组织联合发布宣言，加快推动 C-V2X 的部署。2023 年 10 月，美国交通部发布加速车联网部署计划草案。2024 年 8 月，美国交通部发布加速车联网部署计划。2023 年 12 月，韩联社发布消息称，韩国新一代智能交通系统决定使用 LTE-V2X 直连通信技术作为唯一的车联网通信方式。2024 年，韩国国土交通部开始启动 LTE-V2X 直连通信技术的规模应用示范建设。

虽然车路协同通信技术在不断发展变化，但随着人工智能、汽车电子等技术的发展，汽车智能化水平的不断提升，智能化和网联化融合发展助力汽车实现驾驶自动化已基本形成共识。如表 2-1 所示，根据网联信息参与驾驶的程度不同，网联驾驶服务可分为三类。

① 网联提醒预警类服务，网联信息或与车辆的感知、多传感器数据融合处理后的感知信息，以提醒、预警方式在人机交互界面显示，提醒人类驾驶员，降低事故风险。典型应用场景有闯红灯预警、绿波车速引导、前向碰撞预警、十字路口防碰撞预警等。

② 网联辅助驾驶类服务，网联信息进入驾驶域，与先进驾驶辅助系统融合，支撑车辆实现更好的辅助驾驶功能。典型应用场景有网联式紧急制动／转向、协同自适应巡航控制、协同交叉路口通行等。

③ 网联自动驾驶类服务，网联信息进入驾驶域与自动驾驶系统融合，支撑车辆自动驾驶功能。典型应用场景有自主代客泊车、高速公路编队行驶等。

当前网联提醒预警类服务已实现量产，正处在规模商用推广阶段，网联辅助驾驶类服务和网联自动驾驶类服务正处在开展技术验证和应用示范阶段。

表 2-1　网联驾驶服务分类

网联驾驶服务类型	智能化、网联化融合程度	驾驶员/系统	典型应用场景
网联提醒预警类服务	网联提供其他交通参与者运行状态信息、行驶意图信息、交通环境感知信息等协同感知信息	驾驶员	闯红灯预警、绿波车速引导、前向碰撞预警、十字路口防碰撞预警等
网联辅助驾驶类服务	网联除提供协调感知信息外，还提供驾驶行为决策和动态路径规划信息等协同决策信息	驾驶员	网联式紧急制动/转向、协同自适应巡航控制、协同交叉路口通行等
网联自动驾驶类服务	网联除提供协调感知、协同决策信息外，还下达控制指令或调度信息等协同控制信息	系统	自主代客泊车、高速公路编队行驶等

2. 车联网的内涵

从车联网发展历程可见，车联网的内涵随着信息通信、电子、人工智能、交通控制等技术的应用不断演进，连接对象从最初的车与云平台的连接扩展至车与车、车与路、车与人、车与云平台等的连接；服务场景从信息娱乐类服务到提醒预警、辅助驾驶、自动驾驶等网联驾驶类服务，并不断向智能交通和城市数字治理等衍生；服务对象也从驾驶员、乘客拓展至所有道路交通参与者（如行人、骑行自行车人员、道路作业人员等）、交警、城管人员等；涉及行业从信息通信、汽车行业扩展至信息通信、汽车、电子、道路交通运输等行业。车联网内涵及发展历程如图 2-2 所示。

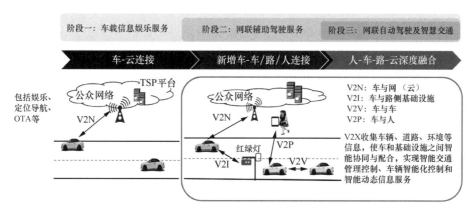

图 2-2 车联网内涵及发展历程

（1）车联网的连接对象不断扩展

以车为主要连接对象的通信包含以下 4 个方面。

① 车与云平台（V2N）间的通信，是指车辆通过无线通信技术实现与车联网服务平台的信息娱乐传输，接受平台下达的控制指令，实时共享车辆数据。

17

② 车与车（V2V）间的通信，是指车辆与车辆之间通过无线通信技术实现信息交流与信息共享，包括车辆位置、行驶速度等车辆状态信息，以防止碰撞事故的发生。

③ 车与路侧基础设施（V2I）间的通信，是指车辆与路侧部署的通信设施通过无线通信技术实现车辆与道路基础设施间的信息交流，用于获知道路交通状态信息，提升交通通行效率，避免交通事故的发生。

④ 车与人（V2P）间的通信，是指车辆与弱势交通参与者（如行人、骑行自行车或摩托车的人员等）通过无线通信技术与车辆进行信息交互，实时共享位置、速度等状态信息，以防止碰撞事故的发生。

（2）车联网的服务场景不断衍生

① 服务车的应用场景，包含提供娱乐、导航等车载信息娱乐服务，提供前向防碰撞预警、十字路口防碰撞预警等网联辅助驾驶服务，以及自主代客泊车、高速公路编队行驶等网联自动驾驶服务。

② 服务智能交通的应用场景，包含消防车、救护车等特殊车辆优先通行、交通信号精确控制、绿波通行、数字孪生交通管理等应用。

③ 服务智慧城市应用场景，包含道路遗撒管理、渣土车车斗未封闭监管、道路施工监管、应急救援、交通事故违章治理等应用。

未来，5G-A、6G、卫星互联网、端到端大模型等信息通信技术演进发展，将进一步提升通信网络连接性能，其低时延、超可靠、大带宽、高稳定等特性，满足车联网全天时、全天候、全域场景的连接需求，并且通过更广泛的网络连接和数据共享，实现车与智慧社区、学校等社会各方面的深度融合和价值创造，从而提供更多元化、个性化、智慧化的出行服务和生活服务。

（二）车联网全球各国关注热点

随着智能网联协同发展战略成为国际共识，汽车驾驶自动化商用受到普遍重视，网联通信技术加速应用，国际主要国家多举措推进智能网联协同发展。

1. 中国

（1）国家及各部委高度重视车联网发展

2018 年，工业和信息化部印发了《车联网（智能网联汽车）产业发展行动计划》，明确以网络通信技术、电子信息技术和汽车制造技术融合发展为主线，加快车联网（智能网联汽车）产业发展。从 2019 年至今，工业和信息化部先后支持江苏（无锡）、天津（西青）、湖南（长沙）、重庆（两江）、湖北（襄阳）、浙江（德清）、广西（柳州）创建国家级车联网先导区。交通运输部积极推动营运车辆网联与自动紧急制动系统（AEBS）融合，联合产业界开展基于 C-V2X 通信技术的 Ⅱ 型 AEBS 的试验验证。2024 年 1 月，工业和信息化部、公安部、自然资源部、住房和城乡建设部、交通运输部 5 部门联合发布关于开展智能网联汽车"车路云一体化"应用试点工作的通知，提出将建设一批架构相同、标准统一、业务互通、安全可靠的城市级应用试点项目。

工业和信息化部、公安部、交通运输部、国家标准化管理委员会联合组织编制了《国家车联网产业标准体系建设指南》（以下简称《建设指南》），《建设指南》涵盖总体要求、智能网联汽车、信息通信、电子产品与服务、车辆智能管理若干部分。截至目前，《建设指南》系列分册文件涉及的标准制定和预研400余项[1]。全国汽车标准化技术委员会、全国智能运输系统标准

1　来源：中国信通院。

化技术委员会、全国通信标准化技术委员会、全国道路交通管理标准化技术委员会共同签署了《关于加强汽车、智能交通、通信及交通管理 C-V2X 标准合作的框架协议》，促进 C-V2X 技术标准在汽车、交通、公安等跨行业领域的应用推广。

（2）我国开启自动驾驶准入试点，多举措助推车辆 5G/C-V2X 网联规模商用

2023 年 6 月，国务院常务会议明确提出要"构建'车能路云'融合发展的产业生态"。2023 年 11 月，工业和信息化部、公安部、住房和城乡建设部、交通运输部联合发布关于开展智能网联汽车准入和上路通行试点工作的通知，对具备量产条件的搭载 L3 级和 L4 级自动驾驶功能的智能网联汽车产品开展准入试点，并且获得准入的汽车产品可在限定区域内开展上路通行试点，加快具备自动驾驶功能的智能网联汽车产品量产商用。按照通知工作安排，2024 年 6 月，工业和信息化部、公安部、住房和城乡建设部、交通运输部 4 部门联合宣布，确定了 9 个进入试点的联合体，包括长安汽车、比亚迪汽车、广汽乘用车、上汽、北汽蓝谷麦格纳汽车、中国一汽、上汽红岩汽车、宇通客车和蔚来汽车。2023 年 12 月，交通运输部办公厅印发《自动驾驶汽车运输安全服务指南（试行）》，聚焦应用场景、自动驾驶运输经营者、运输车辆、人员配备、安全保障、监督管理等影响运输安全的核心要素，明确在现行法律法规框架下使用自动驾驶汽车从事运输经营活动的基本要求。自然资源部发布《智能汽车基础地图标准体系建设指南（2023版）》，工业和信息化部、国家标准化管理委员会联合印发《国家车联网产业标准体系建设指南（智能网联汽车）（2023 版）》，持续构建支撑汽车自动驾驶的标准体系。深圳等地积极探索自动驾驶立法权，发布《深圳经济特区智能网联汽车管理条例》和《深圳市智能网联汽车道路测试与示范应用管理实

施细则》；武汉、北京等地开启L4级自动驾驶商业化示范运营。

（3）我国车联网新型基础设施建设规模领先

工业和信息化部公开数据显示，截至2024年底，我国5G基站数量为425.1万个。地级市城区、县城城区道路智能化升级改造、路侧通信单元部署数量均取得显著进展，中国信通院统计，截至2024年12月，全国部署车联网路侧通信单元超11000套[1]。2023年9月，交通运输部发布《公路工程设施支持自动驾驶技术指南》，通过适度提升公路基础设施的智能水平，更好地支持车辆在公路上进行自动驾驶。

我国已有30余个城市和高速公路路段启动车联网融合基础设施建设工作。无锡、天津、重庆等7个国家级车联网先导区和北京、上海、合肥等16个智慧城市基础设施与智能网联汽车协同发展试点（以下简称"双智"试点）相继发布扩大车联网新型基础设施规模建设规划，建设主要区域如表2-2所示，呈现从单一区县（单一高速路段）部署向多区县（多高速路段）部署乃至市级全域（全路段）部署的发展趋势，如无锡、苏州等已经形成多区协同部署、市级平台统筹的建设模式；"车联网1号高速"（即G2京沪高速）京津塘段、山东段、江苏段等多段路线完成710km的网联化改造。

表2-2　车联网新型基础设施建设主要区域

类型	分布主要区域名称
国家级车联网先导区	江苏（无锡）、天津（西青）、湖南（长沙）、重庆（两江新区）、湖北（襄阳）、浙江（德清）、广西（柳州）
"双智"试点城市	北京、上海、广州、武汉、长沙、无锡、重庆、深圳、厦门、南京、济南、成都、合肥、沧州、芜湖、淄博
智慧高速公路试点路段	京沪高速、京津冀高速、石渝高速、渝蓉高速、成宜高速、延崇高速等

1　来源：中国信通院。

2. 美国

美国政府已明确将汽车智能化、网联化作为发展智能交通和智能网联汽车两大核心战略，出台一系列政策法规支持产业发展。2021年3月，美国联邦公路局发布了《自动驾驶对公路基础设施的影响》报告，详细分析了自动驾驶对公路物理基础设施、交通控制设备、运输管理和运营系统、多式联运基础设施的影响。2023年，美国交通部发布《无人驾驶汽车乘客保护规定》，明确无人驾驶汽车配置要求，加利福尼亚州公用事业委员会批准Waymo等在旧金山提供无人驾驶出租车收费服务，加利福尼亚州机动车辆管理局批准梅赛德斯－奔驰汽车自动驾驶系统在车速不超过64km/h的条件下在加利福尼亚州湾区等指定高速公路上行驶。2023年4月至2024年4月，美国FCC先后批复允许汽车厂商、州交通管理部门等近50家单位部署C-V2X设备，申请成员包括犹他州和弗吉尼亚州等多个州的交通管理部门、福特和奥迪等车厂、哈曼等设备制造商和密歇根大学等高等院校。2024年8月，美国交通部发布加速车联网部署计划，计划在未来12年内分3个阶段推动C-V2X直连通信技术部署，推进车联网业务并提供全国一致性服务，具体详见表2-3。

表2-3　美国车联网部署计划草案阶段性部署及目标

阶段划分	阶段目标
第一阶段 （2024—2028年）	全国20%的高速公路实现车联网覆盖，全国主要75个城市的25%十字路口实现车联网覆盖，12个州实现车联网跨地区互联互通和安全
第二阶段 （2029—2031年）	全国50%的高速公路实现车联网覆盖，全国主要75个城市的50%十字路口实现车联网覆盖，25个州实现车联网跨地区互联互通和安全，全国40%的十字路口实现车联网覆盖
第三阶段 （2032—2036年）	国家高速公路全面实现车联网覆盖，全国主要75个城市的85%十字路口实现车联网覆盖，50个州实现车联网跨地区互联互通和安全，全国75%的十字路口实现车联网覆盖

3. 欧盟

欧盟以协作式智能交通系统为核心，持续加强支持自动驾驶基础设施部署研究，多国开展5G/C-V2X网联通信技术验证示范。2022年，欧盟委员会规定欧盟范围内销售的每辆新车都必须配备智能速度辅助系统，发布自动驾驶车辆的型式认证法规，用于小批量自动驾驶车辆的型式认证，并在此基础上，进一步开展无限制批量车辆的型式认证工作。欧盟道路交通研究咨询委员会（ERTRAC）更新发布《网联、协作和自动化出行路线图》，突出智能化与网联化的协同，强调自动驾驶车辆与道路交通设施的协同互联，展望2040年的自动驾驶发展路径。支持自动驾驶的基础设施等级如图2-3所示，高速公路自动化及低速自动化展望如图2-4和2-5所示。

图2-3　支持自动驾驶的基础设施等级

图2-4　高速公路自动化展望

有限的	重点的	住宅的	公共交通类的	出租车类的
				L4级成熟
运输货物，停车	运输货物	最后一千米运输货物和人	在预定路线上运输货物和人	在城市区域运输货物和人
<25km/h	25～50km/h	<30km/h	<50km/h	<50km/h
私人的，封闭区域，单行道代客泊车（当前速度限制10km/h）	在主干道或专用车道	在保证道路安全驾驶的建设良好的社区道路	在主干道、建设良好的辅路的混合交通道路	复杂的城市道路网
便捷与效率	提高路网效率	便捷与效率	货运公司驱动	便捷与效率
2040年，在航站楼/枢纽/停车场大量使用	部分取决于需求和法规	消费者和市场驱动	2040年使用，取决于成本/收益/需求/法规	消费者市场的需求驱动
预定路线				在预设的路网上可变路线
"简单"安全概念			完全高复杂/低速自动驾驶安全概念	

图 2-5　低速自动化展望

2023 年，欧盟修订自动紧急呼叫系统法规，要求系统软硬件（包括车载设备和紧急呼叫中心设备）适配 4G/5G 网络要求，持续推进汽车强制安装联网设备。欧盟先后在"地平线 2020""地平线欧洲"等科技政策框架下设立近百项专项，并开展面向网联自动驾驶的无线通信、数字基础设施等关键技术研发及应用示范，且分别在 2021—2022 年、2022—2023 年投资 1.8 亿欧元和 2.4 亿欧元支持相关项目。

此外，欧盟研究计划"地平线欧洲"下的新欧洲伙伴关系"网联、协作和自动出行"（CCAM）在欧盟委员会指导下发布了战略研究与创新议程，制定了网联、协作和自动驾驶推进计划，分别在法国、德国、意大利等各国建设大规模示范应用项目，该计划分 3 个阶段实现以用户为中心的自动驾驶出行服务大规模部署，详见表 2-4。

表 2-4　网联、协作和自动驾驶推进计划阶段划分

阶段划分	阶段目标
第一阶段（2021—2024年）	开发网联、自动驾驶各关键部分，包括开发车辆和基础设施技术、关键使能技术、验证安全系统功能的方法等主要关键技术，选取有限运行设计域内不复杂的应用场景开展大规模示范应用

阶段划分	阶段目标
第二阶段（2025—2027年）	通过在外场实际运行环境中测试和验证来提高技术的成熟度
第三阶段（2028—2030年）	把前期所有研发成果结合起来，连通法国、德国、意大利等各国至少30个示范应用项目基础设施，开展综合大规模应用示范

4. 日本

日本政府高度重视自动驾驶汽车和车联网的发展，积极推动自动驾驶汽车商用，推广建设路侧基础设施提供实时交通信息服务。2021年3月，日本发布《实现和普及自动驾驶的行动方针5.0》，提出推广智能化基础设施以支持L4级自动驾驶落地，计划2025年在50个地点实现多个区域、多种类型车辆的无人自动驾驶服务。2023年4月，日本《道路交通法》修正案正式实施，推动L4级自动驾驶车辆在特定条件下提供出行服务和无人快递业务。同年5月，日本在公共测试道路开启了L4级自动驾驶出行服务。日本将车辆导航系统、道路交通信息通信系统（VICS）、电子不停车收费（ETC）等系统整合，形成ETC 2.0，实现高容量双向通信。截至2023年10月，已在高速公路等道路部署4000余台联网路侧设备，超1000万车辆搭载联网终端设备，不仅可以实现不停车收费，还能给车辆提供实时交通信息，同时还可以收集车辆的行驶信息，实现道路拥堵信息提醒、最佳出行路线指引等。

5. 韩国

韩国政府为实现汽车产业"跻身全球前三"的发展战略，多年来一直持续积极推动自动驾驶商用落地，支持网联基础设施规模应用。2022年，韩国发布《加强未来汽车竞争力的数字化转型》《汽车产业全球三强战略》《出行方式革新路线图》，明确到 2027 年实现具备 L4 级自动驾驶功能的乘用车商用，到 2035 年新车自动驾驶功能普及率达到 50% 以上。2023 年 9 月，韩国国土交通部宣布拟投资 1000 亿韩元用于建立城市级自动驾驶应用创新实验室，开展自动驾驶技术验证及应用示范。截至 2023 年，韩国已在全国 15 个市、道，首尔、江陵等 24 个区提供自动驾驶出行服务，包括无人公交、无人环卫车和废物回收车等。2024 年 1 月，《汽车安全度测试和评价规定》实施，V2X 通信技术开始纳入新车评价程序，规定了 V2X 通信设备试验和评价方法，包含支持前向碰撞预警、红绿灯提示等 10 种应用场景。此外韩国国土交通部牵头成立了自动驾驶协同推动产业发展委员会，目前拥有企业、大学、研究机构、协会、地方政府、公共机构等 326 家成员单位，并开始启动基于 LTE-V2X 通信技术的协作式智能交通试点建设。

小结

随着通信、汽车电子、人工智能等技术发展，车联网提供的车载信息娱乐服务日益丰富，将面向更丰富娱乐、更便捷操控、更智能化人机交互进化发展的全场景出行。同时，车联网提供的网联驾驶服务可显著扩展汽车感知范围，拓展自动驾驶运行设计域，推动驾驶自动化应用场景日益广泛，加速驾驶自动化商用部署。智能化和网联化融合实现汽车驾驶自动化和智能交通已形成国际共识，国际主要国家和地区纷纷战略布局，大力发展智能交通的服务新业态，提升交通整体通行效率，为用户提供智能、安全、节能、高效、舒适的综合驾乘体验，构建安全、便捷、高效、绿色、经济的交通体系。

第二篇

技术产业篇

本章主要介绍车联网技术体系框架以及贯穿"车－路－云－网－图－安"各环节和领域的车联网产业体系。

（一）车联网技术体系

车联网技术体系架构如图 3-1 所示，主要包括功能类技术子体系与支撑类技术子体系，其中功能类技术子体系一般对应不可或缺的环节，以通信为核心环节，与感知、计算环节一起共同实现应用效果，主要包括通信技术、感知技术和计算技术。支撑类技术子体系可按照与功能类技术子体系的相关关系进行细分，人工智能技术和数据技术可进一步提升通信技术、感知技术、计算技术的效能，地理信息技术、安全技术、测试认证技术等可为通信技术、感知技术、计算技术发挥效能提供基础保障。

1. 车联网通信技术

车联网通信包含无线通信和有线通信。车联网无线通信采用基于蜂窝（Uu）通信和终端间直连（PC5）通信，其中 Uu 通信为车辆／路侧设备等提供广域覆盖，随着蜂窝移动通信网络 3G、4G、5G 的发展路线而演进；PC5 通信提供短距离、低时延通信，我国选定的 C-V2X 直连通信技术目前主要包括 LTE-V2X 和 NR－V2X，LTE-V2X 面向基本的安全与效率类应

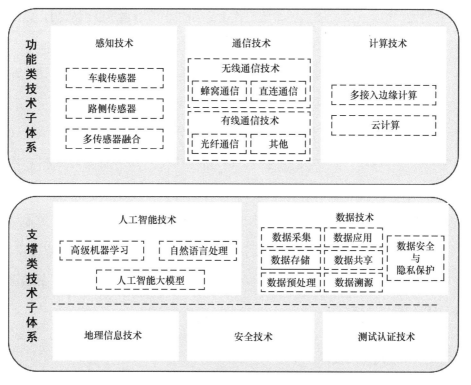

图 3-1 车联网技术体系架构

用，NR-V2X 能够支持更大带宽、更可靠、更低时延的传输能力。车联网有线通信通常采用光纤通信，用于支持路侧设备之间互联组网，以及路侧设备、边缘云、区域云和中心云的全互联通信。

5G Uu 通信和 C-V2X PC5 通信，分别支持具有不同特征的业务。5G Uu 通信支持有大带宽、低时延需求的业务，如高精度地图下载、高清视频/AR/VR、OTA、远程遥控驾驶等；PC5 通信支持低时延、超可靠的车与车、车与路间的行驶安全与效率提升类业务和部分自动驾驶业务。C-V2X 技术体系中，LTE-V2X 和 NR-V2X 技术同源，能力相互补充。LTE-V2X 技术率先被应用于基本安全和交通效率类应用，以及特定场景下中低速的自动驾驶应用，当前国内已经形成完备的产业链，已进入产业化成熟阶段。NR-V2X技术被希望应用于感知共享等增强车联网应用，以及自动驾驶应用，目前已完成国际标准制定。

5G Uu通信和C-V2X直连通信融合部署可充分发挥双方优势。5G能力持续提升，满足垂直行业应用需求。5G持续提升上行大容量、超可靠低时延等网络性能，满足高清视频回传、远程控制等行业应用需求；网络切片提供特定网络能力，实现网络从"尽力而为"到"服务质量可保证"；用户面功能（UPF）/会话管理面功能（SMF）等核心网用户面网元下沉等灵活部署的网络架构，可实现数据本地分流，为低时延数据处理及计算提供支撑。C-V2X直连通信提供了近距离、低时延的车与路直连通信热点覆盖，以及不依赖公网覆盖情况的车与车直连通信，为车联网安全驾驶、交通管控等应用提供支撑。

2. 车联网感知技术

车联网感知技术通过精确感知路网状态与交通参与者的信息，为智能网联汽车、智能交通、智慧城市发展提供数据基础。车联网感知技术主要包括车载传感器、路侧传感器以及多传感器融合。

车载传感器主要包括车载雷达、摄像头、激光雷达等。车载雷达主要用于测量车辆与其他物体之间的距离和相对速度，可以在各种天气条件下工作，常用于自适应巡航控制和碰撞避免系统。摄像头用于捕捉车辆周围的视觉图像，支持车道偏离警告、交通标志识别、行人检测等功能，是实现多种视觉基础的驾驶辅助系统的关键。激光雷达通过发射激光脉冲并测量反射回来的光来检测物体的距离和速度，提供高精度的三维空间信息，对于驾驶自动化车辆的导航和避障至关重要。

路侧传感器被部署在道路交通基础设施的关键节点，如交通信号灯、路灯杆或专用的路侧传感器站，承担着收集关键交通数据的职能，包括但不限于交通流量、车辆速度和路面状况等信息。路侧传感器的种类繁多，包括利用计算机视觉技术捕捉交通图像，进行车辆类型识别、流量统计和行为分析的视频检测器；发射和接收微波信号，测量车辆速度和距离的微波雷达等。

多传感器融合是一种先进的信息处理方法，它通过综合多个传感器所采集的数据，实现对目标或环境更全面、精确的感知。与单一传感器相比，多传感器融合具有容错性、互补性、实时性和经济性等优点，它利用传感器之间的冗余和互补特性，减少单一传感器可能存在的盲点和产生的误差。

3. 车联网计算技术

车联网计算技术可实现车辆数据、路侧数据、云端数据的高效计算处理，为车联网的高效运行和精准智能决策提供基础。车联网计算技术主要包括多接入边缘计算（MEC）及云计算。

多接入边缘计算通过在网络边缘部署计算资源，实现与数据源的近距离交互，显著降低数据传输时延。在车联网环境中，多接入边缘计算能够对车辆传感器捕获的实时数据进行快速分析和处理，为自动驾驶车辆提供即时决策支持，同时保障车联网服务的低时延和超可靠性。

云计算提供了弹性的、可扩展的计算及存储资源，为车联网处理大规模数据集提供了可能性。车联网利用云计算的强大能力，可以执行车辆状态的全面监控、深入分析交通流量模式、进行预测性维护等任务，从而优化交通管理并提升车辆的运行效率。

此外，算力网络为车联网中的计算资源管理提供了新的思路。算力网络的核心思想是将分布的计算节点连接起来，动态实时感知计算资源和网络资源状态，进而统筹分配和调度计算任务，形成一张计算资源可感知、可分配、可调度的网络，满足新业务、新应用对算力的要求。车联网算力网络需要实现云边端协同计算。例如，多接入边缘计算平台与路侧、车载计算设备形成算力联动，统筹算力和网络资源分配与业务实时性、服务范围的需求，缓解云、边、端各侧的传输、计算、存储压力。车联网算力网络还需要多个同级云平台的算力互联，满足平台间日益提升的数据互通、业务联动、跨域协同需求。

4. 车联网人工智能技术

车联网人工智能技术，通过集成前沿的算法和模型，对提升车联网系统的智能化水平起着至关重要的作用，主要包括高级机器学习、自然语言处理与人工智能大模型。

高级机器学习包括深度神经网络、强化学习等，它能够从大量交通数据中学习和预测交通模式，优化车辆的行驶策略。

自然语言处理使车联网系统能够理解和生成自然语言，提供更自然的交互方式。

车联网人工智能大模型代表了车联网系统中深度学习和数据驱动智能的当前最高水平。它通过对大量数据的智能处理和分析，支撑实现事件智能感知、路网状态智能分析与预测、交通管理智能决策等功能，在智能座舱、驾驶自动化、智能出行中发挥重要作用，有望进一步增强车载语音助手交互能力与多模态理解能力，减轻驾驶员交互压力，以更自然的交互方法执行更复杂的复合型任务，最终实现舱驾融合。它将会通过辅助数据挖掘和自动标注、构建智能体行为级仿真、BEV+Transformer[1]大幅提升感知能力等，深刻影响自动驾驶全栈技术路线。

5. 车联网数据技术

数据在车联网中发挥着至关重要的作用，它贯穿于车联网的各个环节，是实现车辆智能化、交通优化、服务创新和产业发展的基础。按照数据全生命周期管理的维度，车联网中的数据技术主要包括数据采集、数据存储、数据预处理、数据安全与隐私保护、数据应用、数据共享、数据溯源等。

数据采集依托先进的车载传感系统，如摄像头、雷达、激光扫描仪等，实现对车辆状态、环境、位置和速度等多维度信息的实时采集。

数据存储对车联网生成的海量数据进行有效存储与管理，为数据挖掘和趋势预测提供支持。

数据预处理通过消息队列等中间件技术，对流入的数据进行清洗、转换和归一化处理，以形成高质量的数据资产。

数据安全与隐私保护综合运用数据加密、访问控制、分类分级、安全认证、数据脱敏等技术手段，确保数据在采集、传输、存储及处理过程中的安全性。

数据应用将分析和处理后的数据应用于驾驶辅助系统、交通流量管理、车辆远程监控等场景，以提供定制化的服务和优化交通运行。

数据共享通过建立数据交换平台和数据空间架构，实现数据的安全共享和流通，有助于打破信息孤岛，推动数据的开放和互联互通。

数据溯源利用区块链技术的不易篡改和可追溯特性，为车联网数据提

1　BEV 英文全称为 Bird's Eye-View（鸟瞰图），Transformer 是一种基于注意力机制的机器学习模型。

供完整的生命周期管理，为数据的真实性和完整性提供保障。

6. 车联网其他支撑技术

车联网其他支撑技术还有地理信息技术、安全技术和测试认证技术。地理信息技术涉及高精度地图、定位技术、路径规划和导航算法，为车辆决策和路径规划提供环境信息，确保车辆能够实时准确地获知相关位置信息，帮助车辆根据实时交通状况和用户需求，选择适合的行驶路线。安全技术针对服务平台、车辆、应用程序、操作系统、硬件等进行安全防护，保护通信数据不被未授权访问和篡改，确保只有合法的车辆和用户才能接入网络，及时发现并响应用户的异常行为以及潜在的安全威胁。测试认证技术主要包括硬件测试、软件测试、系统集成测试和性能评估，确保车联网产品和服务在规模部署前能够满足既定的标准法规要求。

（二）车联网产业体系

车联网产业是在继承与拓展汽车、交通等传统产业结构的基础上构建的一个新系统。它以信息通信为核心，延展到由通信网络连接起来的车、路、云环节，再进一步延伸到支撑完整产业链条的地图、测试、安全，其范畴演化过程展示出车联网天然的系统性和跨行业属性。

伴随车联网生态体系构建，较为完备的产业链条在智能网联汽车（车）、路侧感知系统（路）、应用服务平台（云）、车联网通信网络（网）、高精度地图与定位（图）、测试认证（测试）、安全保障与防护（安全）、应用等环节和领域已经形成，一系列丰富的产业实践的开展为车联网规模应用奠定了基础，也进一步促进了车联网产业体系的完善。

如图 3-2 所示，在车联网产业范畴中，智能网联汽车作为主要的服务对象，通过汽车上装载的车载终端与外界进行交互，支撑智能座舱和驾驶自动化应用。车载终端离不开车载芯片、车载模组，再通过系统集成成为整车重要的组成部分。

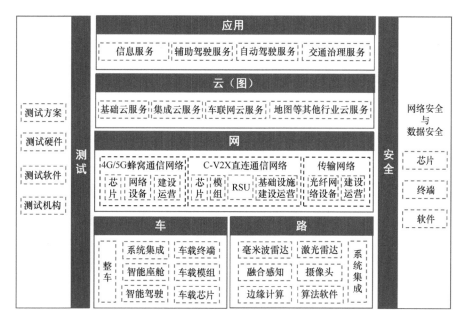

图 3-2　车联网产业体系

路侧感知系统主要承担感知和计算任务，通过部署在路边的毫米波雷达、摄像头、激光雷达等传感器收集道路及交通环境数据，再经过边缘计算单元的融合处理，汇聚到云端或者直接给到车辆。

云平台根据提供的服务可以分为基础云服务和集成云服务，从服务内容来看可以分为与车联网业务密切相关的车联网云服务以及地图等其他行业云服务。

车联网通信网络方面的产业链条主要包括 4G/5G 蜂窝通信网络的芯片、网络设备和建设运营，C-V2X 直连通信网络的芯片、模组、路侧单元（RSU）和基础设施建设运营，以及传输网络的光纤网络设备和建设运营。

　　车联网应用主要包括信息服务、辅助驾驶服务、自动驾驶服务和交通治理服务。

　　测试方面主要包括测试软硬件、测试方案以及测试机构。

　　车联网安全主要涉及网络安全与数据安全的芯片、软件和终端开发。

（一）智能网联汽车的定义

根据《智能网联汽车道路测试与示范应用管理规范（试行）》中的定义，智能网联汽车是指搭载先进的车载传感器、控制器、执行器等装置，并融合现代通信与网络技术，实现车与X（人、车、路、云端等）智能信息交换、共享，具备复杂环境感知、智能决策、协同控制等功能，可实现安全、高效、舒适、节能行驶，并最终实现替代人来操作的新一代汽车。

智能网联汽车（ICV）集成了先进的感知系统、计算技术、通信技术等，如图4-1所示，它包括环境感知硬件模块、驾驶软件模块、座舱软件模块、座舱硬件模块、驾驶域控单元、导航定位模块、通信模块等。智能网联汽车可实现与周围环境、其他车辆和基础设施的智能互联。这种互联互通不仅提高了驾驶的安全性和便捷性，还为交通系统的整体优化提供了可能。

在智能化方面，产业界主要以驾驶自动化分级来标识汽车智能化发展水平。汽车驾驶自动化分为L0到L5这6个等级，根据国家标准《汽车驾驶自动化分级》GB/T 40429—2021中的定义（见表4-1），在L0～L2阶段，车辆驾驶必须由人类驾驶员操作，系统在不同程度上"解放"驾驶员；

在 L3 阶段，车辆可在设计运行范围[1]（ODD）内完全由系统驾驶，驾驶员需要随时注意在不满足 ODD 时接管车辆；在 L4 阶段，车辆可在 ODD 内完全由系统驾驶，即使出现不满足 ODD 的情况，可由车辆自主停靠，结束驾驶任务；在 L5 阶段，车辆可在任意条件完全由系统驾驶。

图 4-1　智能网联汽车的构成

表 4-1　驾驶自动化等级与划分要素的关系[2]

分级	名称	持续的车辆横向和纵向运动控制	目标和事件探测与响应	动态驾驶任务后援	设计运行范围
L0	应急辅助	驾驶员	驾驶员及系统	驾驶员	有限制
L1	部分驾驶辅助	驾驶员和系统	驾驶员及系统	驾驶员	有限制
L2	组合驾驶辅助	系统	驾驶员及系统	驾驶员	有限制

1　设计运行范围指在设计驾驶自动化系统时确定的适用于其功能运行的外部环境条件，典型的外部环境条件有交通、天气等。

2　引用于《汽车驾驶自动化分级》（GB/T 40429—2021）。

续表

分级	名称	持续的车辆横向和纵向运动控制	目标和事件探测与响应	动态驾驶任务后援	设计运行范围
L3	有条件自动驾驶	系统	系统	动态驾驶任务后援用户（执行接管后成为驾驶员）	有限制
L4	高级别自动驾驶	系统	系统	系统	有限制
L5	完全自动驾驶	系统	系统	系统	无限制

在网联化方面，2024 年乘用车新车车联网前装标配 1935.17 万辆，同比增长 17.10%，标配搭载率 84.43%；其中，前装标配 5G 车联网交付上险 348.69 万辆（含选装），同比增长 100.73%；V2X 交付上险 50.20 万辆，同比增长 63.73%[1]。一汽、广汽、奥迪、蔚来等 10 余家国内外汽车厂商已量产搭载 C-V2X 功能车型 20 余款。网联以往主要服务于车辆状态监测、车载信息娱乐服务等方面，伴随汽车电子电器架构升级和软件定义汽车的发展趋势，网联逐渐服务于车辆在线系统升级、驾驶辅助信息服务和数据传输等方面，并进一步面向车、路、云一体化发展。通过车车、车路、车云的低时延、超可靠通信，智能网联汽车实现了自动紧急制动（AEB）、导航辅助驾驶（NOA）等主动安全功能。

（二）驾驶自动化竞争热点及演进趋势

1. 竞争热点

当前，L0/L1 级别的驾驶辅助技术已规模化量产应用，基本成为新车

1　来源：高工智能。

标配，L2/L2+/L2++级别组合驾驶辅助技术逐渐成熟并商业化，众多汽车制造商和科技公司在该领域展开竞争，旨在为用户提供更加智能、安全的驾驶辅助功能。L3级以上的自动驾驶技术尚未实现规模化装车，各国正在陆续颁布L3级自动驾驶技术相关法规和开放L3级自动驾驶的准入，截至2024年6月，奔驰、本田等车企在德国、美国、日本等国家实现了L3级自动驾驶上路行驶和测试，我国于2024年6月正式允许长安、比亚迪、蔚来等9家车企进行L3/L4级自动驾驶的上路通行试点，持续推动高级别自动驾驶技术的研发与落地，同时，我国积极推进"车路云一体化"赋能自动驾驶的"中国方案"，加快自动驾驶能力的提升。

通过车端传感器、计算平台、操作系统等软硬件设备，运行各类智能算法，车辆可实现诸如自适应巡航、车道保持、记忆泊车、导航辅助驾驶等不同级别的驾驶辅助功能，并不断向自动驾驶汽车演进。工业和信息化部公开数据显示，2024年，我国乘用车L2级及以上组合驾驶辅助功能新车渗透率达到57.3%。全速自适应巡航、泊车辅助等L2级组合驾驶辅助功能已经规模化成熟应用。

导航辅助驾驶（NOA）主要实现在一定道路场景范围内的点到点组合驾驶辅助。根据场景不同，NOA可分为高速领航和城区领航。高速领航普遍限制在特定高速公路和城区高架路上开启，包含自动进出匝道、调整车速、变换车道等功能，已在较多车型前装量产。城区领航则针对复杂城区道路场景，包含信号灯识别、自动变道、自动避障等功能。

高速领航功能逐渐成熟，在国产品牌汽车中加速落地应用。盖世汽车测算，2024年1-10月，搭载高速NOA及以上功能的乘用车新车上险量达到147万辆，渗透率稳步提升。高速领航功能逐渐成熟，消费者接受度不断提升，伴随装机量的提升，成本逐步下降，将向更低价格区间车型加速渗透。

在城区领航上，多技术路线同步发展。城区领航相较于高速领航应用于更复杂的环境，其对辅助驾驶系统的融合感知准确度、道路场景覆盖率、软件算法可靠性等方面的技术要求更高。在城区领航的研发方面，我国车企和驾驶自动化技术供应商已形成成熟的城区领航解决方案，市场份额逐步增加，如奔驰与初速度（Momenta）、奥迪与华为、大众与大疆已经在驾驶自动化研发和部署上进行深度合作。在城区领航的落地方面，小鹏汽车于 2022 年 9 月在广州推送了城区领航功能，华为、蔚来、理想等车企的车型城区领航覆盖范围也在不断扩大。

2. 演进趋势

（1）驾驶自动化技术路线的划分愈加清晰

针对驾驶自动化技术已实现的功能与应用场景，由于各车企和驾驶自动化技术供应商的目标价格区间、系统冗余度设计不同，目前车企普遍采用纯视觉和多传感器融合两种技术路线。纯视觉技术路线仅依靠视觉传感器来完成对周围环境的感知，其低成本的特点使技术可应用于更低价格区间的车型。但纯视觉技术还存在一些问题，包括在光照不足或极端光照条件下的可靠性需持续提升和验证；视觉传感器无法直接、准确地感知物体的形状和距离；纯视觉方案需要依赖大量的数据和算力进行迭代训练。多传感器融合技术路线则是采用两种或两种以上的视觉、毫米波雷达、激光雷达等传感器来完成对周围环境的感知，使系统在全场景下拥有较强的冗余度，但其成本需要进一步控制，以便在更低的价位中应用。

（2）各车企均在驱动驾驶自动化技术迭代的三要素"算法、算力、数

据"方面加大投入

从算法的发展历程看，2020 年及以前，各车企普遍基于循环神经网络（RNN）和卷积神经网络（CNN）搭建模块式的驾驶自动化算法，一般分为感知层算法、决策层算法和控制层算法。随着算法的迭代和训练数据量的激增，2021 年，基于 BEV+Transformer 的驾驶自动化算法核心架构被提出，Transformer 模式提出了注意力机制，打破了传统 RNN 和 CNN 在处理长序列数据时的局限，BEV 则在融合多视角、多模态数据后能更清晰地表示道路、车辆、行人等元素的位置和关系，有利于决策层算法的训练。2022 年，占用网络（Occupancy Network）被用于解决图像识别无法精准判断边缘距离和非典型物体占用等问题。2023 年，特斯拉推出的端到端大模型驾驶算法，将传统的模块式算法压缩为"端到端神经网络"算法，支持系统直接从原始传感器输入到最终的驾驶动作输出，即通过摄像头采集驾驶场景的信息，将其作为深度卷积神经网络模型的输入，神经网络模型直接输出为对车辆方向盘、油门、刹车的预测和控制。除此之外，大模型还可深度赋能训练数据自动标注和极端工况数据创建，进一步推动驾驶自动化技术的突破。

各车企均积极提升车端算力，加快云端算力布局。以英伟达为首的算力芯片巨头不断提升其车规级驾驶自动化芯片算力，算力为 254TOPS[1] 的 Orin X 芯片已在蔚来、小鹏、零跑的部分车型上应用，雷神 Thor 芯片的算力已经达到 2000TOPS。特斯拉、华为等在芯片领域具有一定积累，积极自研驾驶自动化算力芯片。部分算力超 50TOPS 的驾驶自动化车规级芯片如表 4-2 所示。

1　1TOPS 代表处理器每秒进行一万亿次操作。

表 4-2　部分算力超 50TOPS 的驾驶自动化车规级芯片 [1]

公司名称	SoC	SoC算力/TOPS
特斯拉	FSD HW3.0	144
	FSD HW4.0	720
英伟达	Orin X	254
	Thor	2000
华为	昇腾610	200
地平线	征程5	128
黑芝麻	A1000	58
	A1000pro	106

在云端算力方面，各车企均在自建算力中心以支撑端到端大模型的训练。截至 2024 年 12 月，特斯拉已建成约等效 90000 张 H100 芯片的算力集群 [2]。截至 2024 年 10 月底，华为云算力已经达到 7.5EFLOPS[3]。

各车企均在打造各自的数据闭环模式。以特斯拉为首的部分车企采用的是量产车回传数据模式，特斯拉在 FSD 未激活状态下，其影子模式会与人类驾驶员并行模拟驾驶过程，当影子模式的预测与驾驶员的实际行为不匹配时，则会触发车载传感器记录摄像头的视频信息、车辆速度、车辆加速度等其他参数，这些数据通过云端回传至特斯拉数据中心后，将被用于端到端驾驶自动化训练。特斯拉依托 2021—2023 年已经售出的 400 万余辆车的影子模式不间断地采集海量数据用于算法训练。比亚迪等车企则采用

1　来源：中国信通院根据公开信息整理。
2　英伟达 H100 芯片是 2022 年 3 月 22 日芯片巨头英伟达在 GTC 技术大会上公布的一款 GPU 芯片。
3　算力指标 EFLOPS（每秒浮点运算次数）是评估一台超级计算机性能的重要指标之一。它代表了计算机在每秒钟能够执行的浮点运算次数。

研发采集车积累数据的模式，目前每天可新增1PB[1]以上的数据用于驾驶自动化训练。在我国"车路云一体化"的建设基础上，部分车企希望通过路端布设的智能化感知基础设施获得更全面的场景库和更准确的训练数据，以解决驾驶自动化的长尾问题，各驾驶自动化仿真企业和有关研究院也在积极进行相关研究。

（3）大模型有望赋能自动驾驶技术突破

大模型推动驾驶自动化算法从"感知－规划－决策"的模块化设计向从"感知直接到控制"的端到端模式演进，从模块化深度学习过渡到端到端深度学习。

大模型辅助解决驾驶自动化长尾场景问题。一是大模型赋能数据挖掘。城市场景下道路及路况复杂、交通参与者多、场景异质性强，大模型有较强的泛化性，适合用于对长尾数据的挖掘。二是大模型赋能训练数据自动标注。采用大模型预训练的方式可以实现自动标注，自动标注工具可大幅提升数据处理速度。三是大模型赋能极端工况数据创建。基于生成式人工智能（AIGC），大模型可生成虚拟多目标场景，提升小概率路况覆盖度。它将采集到的一个场景，迁移到该场景的不同时间、不同天气、不同光照等各类新场景下，可同时获取全天候驾驶数据，进行长尾场景的自我训练和模拟。

多企业开始推动大模型上车，加速驾驶自动化落地应用。特斯拉于2024年3月10日发布的FSD（Supervised）V12.3.1基于纯视觉端到端大模型实现了从感知输入到控制输出的落地，在北美进行全量推送。华为ADS 3.0系统已于2024年4月落地，它采用了模块化端到端架构，叠加

1　PB 是数据存储容量的单位，$1PB=2^{50}Byte$。

本能安全网络，拓宽驾驶辅助应用场景并提升效果。小鹏已实现基于模块化端到端的多传感器融合架构方案量产上车，即神经网络 XNet+ 大语言模型 XBrain+ 规控大模型 XPlanner，其城市导航辅助驾驶功能于 2024 年 7 月实现全国开放。蔚来于 2024 年 7 月正式发布其端到端技术架构 NADArch2.0，该架构将配合其自研芯片神玑 NX9031 进一步完善驾驶辅助功能。理想于 2025 年 NVIDA GTC（英伟达 GPU 技术大会）上正式公布了其新一代 Mind VLA（视觉—语言—动作端到端大模型）方案，该方案将逐步替代现量产上车的端到端 + 视觉语言动作模型双系统，力求进一步提高驾驶辅助能力边界。

综上所述，我国已形成 L2 级及以上级别车型的市场优势，但市场优势尚未转化为技术和成本优势。目前，自主品牌在技术演进过程中涉及的数据、算法、算力等方面相较于行业龙头特斯拉仍存在一定的差距，且各企业技术演进路线存在差异。我国应考虑鼓励国内企业共商算法技术路线，形成初步共识，推动数据汇聚和共享，在技术演进和标准定义方面多重突破，探索技术路径引领方式，结合我国 L3 级自动驾驶准入试点工作，进一步推动智能网联自动驾驶汽车技术的研发和推广。我国在"单车智能 + 网联赋能"发展路径下，持续推进"车联网先导区""双智试点""车路云一体化试点"等先导实践和试点验证。当前我国车端网联渗透率逐步提升、路侧智能化基础设施持续部署、技术应用验证不断成熟，已在车端落地红绿灯信息提醒、碰撞预警等应用。在城市治理方面，车联网则可赋能交通信控优化和违法违章监管等应用，未来应进一步以典型应用场景释放规模化价值、以跨行业共性标准保障各地建设一致、以跨域身份互认确保各主体互通、以测试运维体系保障可持续运营，发挥"车路云一体化"中路侧智能化基础设施和云控平台具备的超视距感知、复杂场景协同决策、群体智能等优势，为自动驾驶赋能。

（三）智能座舱竞争热点及演进趋势

1. 竞争热点

现代汽车的竞争已不再局限于传统的机械性能，而是更多地集中在智能化、网联化功能和体验上。为了在市场上获得竞争优势，汽车制造商和科技公司都在努力提升智能座舱的人机交互和娱乐体验。他们通过采用先进的技术和设计理念，不断优化智能座舱的功能和性能，为用户提供更加智能化、个性化、娱乐化的驾乘体验，智能座舱的演进如图4-2所示。智能座舱的竞争焦点和发展趋势大致可分为以下5个方面。

（1）人机交互是智能座舱的核心竞争力所在。现代汽车不再仅仅是一个交通工具，更是一个智能设备。为了提供更为直观和便捷的操作体验，汽车的人机交互方式从传统的按钮、旋钮逐渐演变为触摸屏、语音控制、智能表面、手势控制、人脸识别等。基于人工智能（AI）的多模态情感交互则是近年出现的热点，它能够理解驾驶员的情感和需求，提供更加人性化的交互反馈。

（2）车机应用的拓展也是竞争的关键。随着车载互联网和5G等技术的发展，车机应用已经从简单的音频、导航功能，拓展至更为丰富的娱乐、生活、办公应用。这些应用需要与车辆的其他系统紧密集成，确保驾驶安全的同时，为用户提供多样化的车内体验。

（3）互联互动是现代汽车的标配。手机与汽车的互联，多屏协同，以及远程连接互动，都为用户提供了无缝转换的移动体验。这种互联互动不仅限于车内，还延伸至车与家、车与办公室等多个场景。

（4）显示屏作为人机交互的核心组件，也在不断发展。大屏、多屏、高清屏为驾驶员提供了更多的信息展示空间。抬头显示（HUD）、增强现实型抬头显示（AR-HUD）及电子后视镜等先进技术，进一步增强了驾驶的安全性和便捷性。

（5）万物互联则是汽车未来的发展方向。利用4G/5G、蓝牙、Wi-Fi、超宽带技术、V2X、星闪等技术，汽车不仅能够与其他车辆、基础设施通信，还能与行人、智能家居等设备连接，打造一个真正的智能交通生态系统。

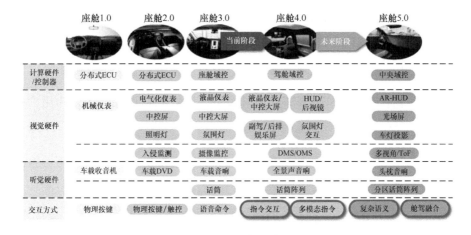

图4-2　智能座舱的演进

国内品牌智能座舱软硬件配置具备较强竞争力，已形成差异化竞争力。在硬件方面，各汽车品牌的显示屏、抬头显示、音响、座椅等传统部件功能开发基本已达极致。在软件方面，各品牌的语音识别、人机交互、影音娱乐等软件的使用流畅度、体验感、个性化服务均有不错表现。同时，以"场景"为出发点打造的体系化功能应用组合成为核心竞争力的重要体现之一。

据多机构测评结果，国产汽车品牌智能座舱的综合硬件配置和软件体验评分普遍较高。新势力车企更强调自动驾驶能力构建和应用层软件体验差异化，在软件综合能力上具有相对领先优势，传统本土品牌聚焦座舱域体验与应用层软件差异化，合资和豪华品牌车企则在操作系统和中间件能力上具有竞争优势，但针对本土用户应用层软件的定制化体验方面存在不足。

未来的智能座舱将以更加丰富、多样、流畅的人机交互为主要发展趋势，为用户提供更加智能化、个性化、情感化的驾乘体验，具体体现在以下4方面。

（1）多样化的交互方式。除了传统的触摸屏和语音控制，更多的交互方式将被整合到智能座舱中，如手势控制、人脸识别、情感交互等。这些技术将使得驾驶员和乘客能够更直观、更自然地与汽车进行交互。

（2）流畅性和无缝连接。智能座舱将更加注重交互的流畅性和无缝连接。无论是手机与车机的互联，还是多屏协同，都将更加顺畅，为用户提供连贯、一致的体验。

（3）个性化定制。随着大数据和人工智能技术的应用，智能座舱将更加注重个性化定制。系统可以根据用户的习惯和偏好，自动调整界面、功能和应用，提供更加人性化的体验。

（4）情感智能。基于AI的多模态情感交互将使得智能座舱能够理解和响应驾驶员的情感需求。这种情感智能将使得人机交互更加富有情感色彩，可进一步提升用户的驾乘体验。

2. 演进趋势

（1）车机向跨终端互联互融方向发展

车机向跨终端互联互融方向发展将使得汽车不再是一个孤立的个体，

而是成为智能交通生态系统的一部分。这种互联互融将大大提升驾驶的便捷性、安全性和智能化水平，满足消费者对驾驶自动化和智能座舱的日益增长的需求。"软件定义汽车"进一步深化落实，如果仅是镜像投屏则早已不能满足当下时代进步的需求，如何实现跨终端互联互融，如何减少用户学习成本，如何深度绑定用户生态利益链，是各家车企思考的方向。手机厂商开发的车机系统带来了更好的交互设计体验及更丰富的应用生态，同时还保证了车机系统的主导权，跨端互融体验相较于CarPlay、CarLife[1]有巨大提升，具有一定用户吸引力。领克 08 搭载魅族开发的 FlymeAuto 系统，手机上的 App 和小组件可以在车机应用里显示。随着鸿蒙 4.0 的问世，鸿蒙智能座舱在体验方式上进行了重大的转变，从一个人单一设备的体验，升级为多人多设备的协同体验。这种升级的座舱支持多屏互动，凭借最小的时延，使得车内多个屏幕之间同步播放视频成为可能。

（2）基于大模型实现多模态、主动式人车交互

近年来，语言大模型的显著进步为智能座舱实现多模态、主动式的人车交互奠定了基础。汽车座舱交互方式向多模态操控转型，主要体现在以下 3 个方面。

① 语音交互。基于大模型的语音识别技术，智能座舱可以准确地识别驾驶员和乘客的语音命令，并对其语义进行理解。这使得驾驶员可以通过简单的语音指令来操作汽车的各种功能。

② 视觉交互。利用大模型的图像处理和计算机视觉技术，智能座舱可以识别驾驶员和乘客的手势、表情等行动和面部特征，从而实现手势控制

1　CarPlay 是美国苹果公司发布的车载系统；CarLife 是百度推出的关于车联网的解决方案。

和情感交互。

③ 文本交互。大模型可以理解和生成文本，因此，驾驶员和乘客可以通过输入文字与车机进行交互，如发送短信、查询信息等。

大模型增强车载语音助手交互能力与多模态理解能力，主要体现在以下 3 个方面。

① 个性化推荐。基于大模型的推荐系统，可以根据驾驶员和乘客的历史行为和偏好，主动推荐音乐、导航目的地、餐厅等个性化内容。

② 情境感知。通过集成多种传感器数据，大模型可以感知当前的驾驶环境和情境，如交通拥堵情况、天气条件等，并主动为驾驶员提供相关的建议和提示。

③ 预测性交互。基于大模型的预测算法，可以预测驾驶员下一步可能的操作，并提前准备好相应的界面和功能，使得交互更加流畅和自然。

为了实现这种多模态、主动式的人车交互，智能座舱需要整合多个领域的技术，包括自然语言处理、计算机视觉、语音识别、传感器融合等。同时，也需要考虑用户隐私和安全性的问题，确保交互过程中的数据安全和用户隐私得到保护。智能座舱通过大数据分析、场景服务推荐、自然语音交互、用户行为洞察、智能空间计算等功能，给用户带来更自然的对话体验、生成式的交互界面、多样化的场景编排和更个性化的出行服务建议等，并与现有移动应用生态服务体系和出行服务体系结合，进一步拓展"第三生活空间"。

（3）大模型与智能座舱不断融合，持续改善语音交互体验

大模型逐步融入汽车座舱，凭借对话交互、逻辑推理等能力，可以理解并满足用户在车内场景的深层次需求。百度、阿里、华为、腾讯、商汤等公司已经推出大模型并上车应用，显著提升了车辆的人机交互能力，但

大模型对具体任务的执行能力还有待加强，目前尚未与智能座舱建立协同感知与认知能力。

（四）智能网联汽车核心供应链竞争态势

智能网联汽车作为未来汽车产业发展的重要方向，其核心供应链涉及传感器、域控制器、芯片、汽车操作系统等多个关键技术领域。这些组件共同协作，实现了车辆的驾驶自动化、车路协同和智能服务等功能。目前，全球智能网联汽车供应链竞争激烈，各大科技公司和传统汽车制造商纷纷布局，旨在掌握核心技术并占据市场领先地位。中国企业在智能网联汽车核心供应链的国际竞争中逐步形成了自身的竞争优势，特别是在传感器、域控制器和汽车操作系统方面，通过政策支持、技术创新和市场拓展，与国际领先企业的差距不断缩小。

1. 汽车环境感知传感器

汽车环境感知传感器是指车辆用于感知周围环境信息，包括道路、天气、交通等因素，并进行信息识别的检测装置，是推动车辆主动安全技术重要变革的核心，主要包括摄像头、激光雷达、毫米波雷达等。在驾驶辅助系统中，摄像头和毫米波雷达成为标配，激光雷达渗透率受系统功能等级及厂商技术路线影响存在差异。根据预测，2025 年，中国乘用车车载摄像头平均搭载数量将达到4.9颗[1]，毫米波雷达搭载总量将达到3532 万颗[2]，激光雷达市场规模将达到 43.1 亿元[3]。

---

1 来源：《中国车载摄像头行业现状深度研究与投资前景分析报告（2024—2031 年）》。

2 来源：高工智能汽车研究院的报告《车载毫米波雷达行业发展蓝皮书（2021—2025）》。

3 来源：Frost&Sullivan 的研究报告。

（1）国内外竞争格局

在汽车环境感知传感器领域，国际车厂一级供应商（Tier1 供应商）如博世、大陆、Mobileye、德尔福等长期以来占据着主导地位，凭借其深厚的技术积累和市场经验，与全球主要汽车制造商建立了紧密的合作关系，其产品被广泛应用于各大汽车品牌，覆盖范围广泛，市场份额稳固，主导着全球市场的走向。随着科技的迅猛发展和市场需求的不断增长，中国新势力迅速崛起，成功跻身于技术领先梯队，为全球市场带来了全新的竞争格局和创新动力，在激光雷达、毫米波雷达和高清摄像头等领域均取得了显著进展，部分产品性能已达到国际先进水平。

车载摄像头 CMOS 芯片市场快速增长，我国光学企业展现强劲竞争力。在全球车载摄像头 CMOS 芯片市场中，市场份额较高的供应商主要是豪威科技、索尼和安森美半导体等。其中，豪威科技自从被国内韦尔股份收购以来，已经成为全球车载 CMOS 图像传感器市场的龙头企业。此外，思特威作为一家纯国产 CMOS 图像传感器产品企业，在国内市场取得了快速增长，并成功实现了车载 CMOS 图像传感器规模化上车，客户包括比亚迪等知名车企。这一趋势表明，随着技术的进步和市场需求的增长，我国光学企业在车载摄像头 CMOS 芯片市场中展现出强大的竞争力。

2D、3D 毫米波雷达仍由国外厂商垄断，4D 领域有望突破。毫米波雷达在材料工艺、仿真与工具链系统、校准标定等诸多方面均存在较高技术壁垒。前向毫米波雷达涉及车身控制功能，功能安全等级要求较高。国外厂商在整体市场中占据约 60% 的份额，博世、大陆集团、电装三家公司占据市场主要份额。目前全球毫米波雷达主流供应商已经进入 4D 成像雷达赛道，国内森思泰克在人工智能和感知技术方面有着深厚的积累，成功推出并量产了多款 4D 毫米波雷达产品，这些产品被广泛应用于驾驶辅助和自动驾驶领域。2024 年，蔚来汽车计划量产的新车型将搭载由国内供应商赛恩领动提供的 4D 毫米波雷达。这一合作体现了国内企业在高精度雷达技术方面的创新和市场应用能力，进一步推动了驾驶辅助和自动驾驶技术的发展。

我国车载激光雷达企业市场占有率高，仍需突破国外厂商关键技术布局。 激光雷达包含发射模块、接收模块、扫描模块、控制及处理模块 4 大部分，是摄像头、毫米波雷达与超声波雷达的有效补充，被认为是 L3 级以上自动驾驶必备传感器。在总出货量方面，全球范围内官宣的车载激光雷达厂商前装定点车型数量累计 55 个，分布占比如图 4-3 所示，中国厂商份额合计约 53%。但在收发模块方面，欧司朗、朗美通等国外厂商具备关键技术布局优势，处于龙头地位。

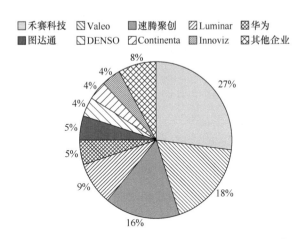

图 4-3　车载激光雷达厂商前装定点车型数量占比[1]

（2）未来发展趋势

随着汽车行业向驾驶辅助和自动驾驶方向快速发展，单一类型的传感

1　来源：Yole Intelligence。

器已无法满足复杂道路环境下的感知需求。未来，汽车环境感知传感器将朝着多种传感器互补融合的方向发展，通过结合摄像头、毫米波雷达、激光雷达、超声波传感器等多种感知手段，提升整体系统的感知能力和环境适应性。

2. 域控制器

在现代汽车电子电气架构中，域控制器起着至关重要的作用。域控制器按照功能分为不同类型，其中最常见的包括自动驾驶域控制器和座舱域控制器，通过高性能计算和多功能集成，能够提升车辆的驾驶自动化能力和座舱体验。随着驾驶自动化技术的发展，市场对自动驾驶域控制器和座舱域控制器的需求迅速增长。弗若斯特沙利文预测，中国乘用车自动驾驶域控制器市场规模到 2026 年将达到 645 亿元，2022—2026 年的复合年化增长率为 60.1%。同时自动驾驶域控制器的渗透率将从 2022 年的 4.5% 提升至 2026 年的 35.0%[1]。

（1）国内外竞争格局

随着汽车智能化、电动化的发展，域控制器在汽车电子电气架构中的地位愈发重要。目前，博世、大陆、德尔福、恩智浦等多家领先的汽车零部件供应商和技术公司，凭借其丰富的经验和强大的技术研发能力，在域控制器领域有着重要布局。中国作为全球最大的汽车市场，正在加速推动网联和驾驶自动化技术的发展。

自动驾驶域控制器国内厂商市场份额初显。自动驾驶域控制器在驾驶自动化技术中扮演着至关重要的角色，其核心价值体现在驾驶自动化主芯

1　来源：【中泰国际】新股报告，知行汽车科技。

片的性能和可靠性上。在国际市场上，自动驾驶域控制器的技术研发和应用已经取得了显著进展。欧美和亚洲的一些领先企业，如 Mobileye 等，推出了多款高性能的自动驾驶域控制器。相比之下，国内自动驾驶域控制器产业虽然起步较晚，但国产芯片生态快速崛起，地平线凭借软硬协同技术路径，已占据国内 ADAS 市场 40% 以上份额，其征程 6 系列覆盖全阶驾驶辅助需求，支持比亚迪、大众等车企实现技术平权，2025 年预计出货量突破千万[1]。尽管 7nm 等先进制程仍依赖外部代工，但本土化技术调优与生态开放模式正加速国产替代进程。

座舱域控制器渗透率加速提升，国内厂商抢占前排。座舱域控制器是现代智能网联汽车中一个集成化的电子控制单元，旨在管理和控制车辆座舱内各种电子设备和功能。智能座舱域控制器加速上车，渗透率加速提升。2024 年一季度，智能座舱域控制器渗透率达到 21.72%，同比提升 8.61 个百分点；2024 年 4 月，智能座舱域控制器渗透率达到 24.90%，同比提升 11.28 个百分点，环比提升 0.69 个百分点，延续加速渗透态势。如图 4-4 所示，2024 年一季度，主要智能座舱域控制器供应商市场份额分别为德赛西威 21.53%、和硕 / 广达 12.99%、车联天下 9.9%、安波福 8.5%、伟世通 5.29% 和伟创力 4.04%，德赛西威座舱域控制器市场份额位列行业首位[2]。

1　来源：地平线公开信息。

2　来源：【国联证券】汽车行业，《数说智能汽车 5 月报之智能座舱：域控加速，德赛份额领先》。

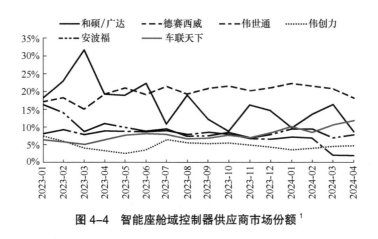

图 4-4　智能座舱域控制器供应商市场份额[1]

（2）未来发展趋势

智能座舱和驾驶域控制器的融合趋势日益显著。在国外，传统的 Tier1 供应商纷纷推出全融合域控制器，如博世推出了集成智能座舱和驾驶辅助功能的高性能域控制器，大陆集团推出了多功能域控制器，安波福推出了一个平台化的智能域控制器等，力图占据市场先机。在国内，华为发布了 ADS 2.0 等产品，智能汽车解决方案全面升级，多域协同能力升级。德赛西威推出智能座舱 Smart Solution 2.0，聚焦人机交互系统等，将驾驶自动化和智能网联跨域融合，推动由单车智能转向车、路、云协同场景化应用落地。

智能座舱和驾驶域控制器的融合发展，将推动汽车行业为用户提供更加智能、安全和舒适的驾乘体验。同时，也对汽车制造商和技术提供商提出了更高的技术要求和挑战，他们需要更好地整合和优化座舱系统和驾驶系统，以实现更加协同和高效的整车控制。随着舱驾融合技术的不断成熟和推广，国内企业在这一新兴市场中的重要性将不断提升。

1　来源：中保信、高工产业研究院、国联证券研究所。

3. 汽车芯片

汽车芯片是指用于车体汽车电子控制装置和车载汽车电子控制装置的半导体产品。根据功能划分，汽车芯片主要分为 4 类，分别为计算控制芯片、功率芯片、传感器芯片及其他（存储、通信等）芯片。其中，计算控制芯片主要包括微控制器单元（MCU）和中央处理器（CPU），在汽车电子系统中起到数据运算和处理的核心作用。根据亿欧智库测算，到 2025 年，燃油车平均芯片搭载量将达 1243 颗，智能电动汽车的平均芯片搭载量则将高达 2072 颗[1]。

（1）国内外竞争格局

随着智能网联汽车和电动汽车的发展，芯片需求大幅增加，竞争激烈且格局复杂。国外公司如高通、英伟达、恩智浦和意法半导体在汽车芯片领域占据了重要的市场份额，凭借其先进的技术和强大的研发能力，提供了多样化的解决方案。而国内企业如地平线、华为和比亚迪则在积极追赶，利用在 AI、通信和新能源汽车领域的优势，逐步提升市场竞争力。

MCU 和 SoC 是驾驶自动化和智能座舱功能所需的核心芯片。MCU 主要负责实时控制、传感器接口和安全功能，而 SoC 则提供高性能的数据处理、多媒体处理和通信能力。二者的结合能够实现更智能、更高效、更安全的驾驶自动化和智能座舱功能，提升用户的驾乘体验和车辆的智能化水平。

我国 MCU 芯片主要依赖进口，低阶场景基本实现国产替代。我国 MCU 多采用 40nm 成熟制程，生产成本较低，能够满足大部分低阶 MCU 的性能需求。在低阶 MCU 市场，国内产品的市场份额不断扩大，基本实

1　来源：【亿欧智库】，《2023 中国车规级芯片产业创新研究报告》。

现了进口替代。海外芯片厂商采用小于 28nm 的先进制程工艺，在性能、功耗和集成度上具有明显优势，能够满足高阶 MCU 的性能要求。高阶 MCU 被广泛应用于汽车电子、工业自动化、高性能计算等领域，瑞萨、英飞凌、恩智浦、意法半导体、微芯等外贸企业占据主要市场份额，国内厂商在这一领域的布局仍显不足。

汽车芯片结构形式由 MCU 向 SoC 演进。随着 ADAS 的落地和 L3 级别及以上的自动驾驶技术的成熟，传统 CPU 无法满足智能汽车的算力需求，将 CPU 与图形处理器（GPU）、现场可编程门阵列（FPGA）、专用集成电路（ASIC）等通用 / 专用芯片异构融合、集合 AI 加速器的系统级芯片 SoC 应运而生。大算力的汽车 SoC 主要应用于驾驶自动化和智能座舱领域。根据 IHS 数据，预计 2025 年全球汽车 SoC 市场规模将达到 82 亿美元。

驾驶自动化 SoC 方面，地平线规模上车，竞争力稳步提升，高端产品仍存差距。中国正在积极挑战驾驶自动化 SoC 主力份额。如地平线，其高性能汽车处理器 Journey 5，在 2023 年已经在比亚迪车辆上量产部署，2024 年又发布了 Journey 6 系列处理器，支持全场景的驾驶自动化需求，包括城市驾驶、高速公路驾驶和停车场景。此外，地平线还与大众旗下软件公司 CARIAD 携手成立合资品牌，专注于开发自动驾驶和先进驾驶辅助系统。地平线通过与知名汽车制造商的战略合作，不断推出创新的处理器产品，成功实现了驾驶自动化芯片的大规模量产和市场应用。在驾驶自动化 SoC 全球市场中，中国市场规模较大，但国内 SoC 芯片厂商在全球市场份额占比较低。国内厂商驾驶自动化 SoC 在工艺水平、综合算力等方面仍与国外厂商存在差距。

智能座舱 SoC 方面，高通占据领先地位，国产 SoC 有望逐步渗透市场。

高通凭借其强大的技术实力和市场布局占据了领先地位，其骁龙汽车平台提供了卓越的计算性能、丰富的功能集成以及广泛的生态系统支持，成为众多车企和 Tier1 供应商的首选。而与此同时，国内厂商也在不断加大研发力度，产品有望逐步渗透这一市场，如华为发布了 14nm 座舱芯片华为麒麟 9610A，标志着我国智能座舱芯片技术的重要进步。随着技术的不断进步和市场需求的增长，国内智能座舱 SoC 厂商有望逐步缩小与高通等国际巨头的差距。

（2）未来发展趋势

汽车芯片将以更高的计算能力、更低的功耗、更强的集成度和更多样化的功能为目标，向着高性能、高安全、高可靠性、智能化和低功耗等方向发展，以满足未来智能网联汽车和自动驾驶汽车的需求，不断推动汽车产业的技术进步和创新。

4. 汽车操作系统

汽车操作系统是用于控制和管理车辆电子系统和功能的软件平台，是实现汽车智能化和网联化的核心基础，主要分为车控操作系统和车载操作系统。车载操作系统主要用于娱乐、导航、车内连接以及与其他用户交互等，车控操作系统主要用于汽车的核心控制，如动力传动系统、制动系统、转向系统和先进驾驶辅助系统。

（1）国内外竞争格局

车控操作系统由于直接涉及车辆动力、底盘、车身等控制功能，对系统的实时性、安全性、可靠性要求较高，技术开发难度较大。国外企业在车控操作系统开发方面起步较早，已经形成了以汽车开放系统架构（AUTOSAR）标准为核心的安全车控软件生态。我国在汽车软件领域起步较晚，在车辆电子控制单元软件部分主要采用 AUTOSAR 标准进行软件开发。伴随汽车智能化功能的持续演进，驾驶自动化的感知融合、决策规划和控制执行功能需要更高的计算能力与数据通信能力支持，经典 AUTOSAR 难以满足驾驶自动化要求，驾驶自动化操作系统应运而生。一方面，AUTOSAR 为面向更复杂的域控制器和集中式电子电气架构推出 Adaptive AUTOSAR 平台；另一方面，众多企业开始基于 QNX 或 Linux 内核开展驾驶自动化操作系统自研。例如，特斯拉基于 Linux 操作系统内核，打造了整套驾驶自动化的软件方案，可支持实现感知、定位、决策、规划、控制的全流程功能要求。国内企业凭借较早入局驾驶自动化功能开发，操作系统等软件能力正在迅速迎头赶上，一方面，华为、阿里等企业基于 Adaptive AUTOSAR 标准架构进行系统开发；另一方面，蔚来、理想等企业基于 Linux 内核进行自主操作系统开发，支持驾驶自动化全流程业务功能实现。

车载操作系统国际市场由 QNX、Linux 和安卓三大阵营占据，国内车企基于安卓、Linux 和自研微内核定制开发，逐步具备竞争优势。QNX 以其高安全性和实时性适用于关键任务系统；Linux 凭借其开源和灵活特性，成为定制化和创新的优质平台；而安卓则通过其丰富的应用生态和用户友好界面，在信息娱乐用户体验方面具备优势。国内科技和互联网企业倾向于在 Linux 之上深度定制自研微内核，基于强大的软件开发能力和技术储备，打造出更加符合自身需求的操作系统，如华为的鸿蒙 OS 和阿里的 AliOS。国内领先自主品牌车企则加速探索车载操作系统定制化开发，以便更好地满足用户对智能座舱服务的体验需求，如小鹏的 Xmart OS 和吉利的 Flyme Auto 座舱系统。

伴随整车汽车电子电气架构持续向中央集中式演进，安全车控、驾驶自动化、智能座舱等功能对于硬件资源的调用更加需要统一管理，分布式架构已难以满足高带宽、低时延、跨域融合的新要求。整车全域操作系统成为新的解决方案，它能够整合汽车内部的各个智能模块，实现统一管理和调度，从而提升整体性能和用户体验。例如，蔚来SkyOS·天枢、理想星环OS都是自主研发的整车全域操作系统，驾驶自动化、智能座舱、基础车控可以通过整车全域操作系统实现无缝协同，为消费者提供更加敏捷、舒适、个性化的驾乘体验。

（2）未来发展趋势

随着科技的不断进步和汽车产业的快速发展，未来汽车操作系统将顺应万物互联潮流。华为推出的鸿蒙OS，基于鸿蒙的分布式操作系统，用户从一个场景到另一个场景之后，信息和数据也能在不同终端之间自由流转。小米推出的澎湃OS，实现人、家居、汽车间更好地交互，打造人、车、家全生态系统。未来汽车操作系统将构建一个综合生态系统，将车辆、驾驶员、乘客、互联网和第三方服务有机整合与协同，带来更加智能、便捷和个性化的车载体验。

小结

在汽车产业发展全新阶段，智能网联汽车作为产业转型关键，融合汽车与能源、信息通信、人工智能等领域技术，连接了汽车现实空间与数字虚拟世界，丰富了汽车在社会生活和经济活动中的定位。其中跨产业融合扮演了至关重要的角色，多维度赋能智能网联汽车，促进智能网联汽车应用功能技术创新和研发，不仅推动了汽车工业的转型升级，也带动了通信、电子、交通等多个产业的协同发展，形成了一个复杂而广泛的生态系统。未来，随着技术标准的统一和市场规范的完善，我国有望在全球智能网联汽车供应链中居于更加重要的地位。

第五章

路侧感知

　　路侧感知系统是提供道路交通感知能力和承载高实时性业务的关键支撑。一方面，路侧感知系统是最接近道路交通环境的感知系统，是获取交通微观状态信息（如车辆、道路、环境等高实时动态数据）的核心途径，另一方面，路侧感知系统可以为部分高实时性业务（如辅助驾驶、安全预警等）提供最靠近服务范围的必要运行环境，支撑此类业务在路侧形成闭环。

　　目前，路侧感知系统的内涵和外延不断发展演进，从路侧感知系统的产品组成上看，路侧感知设备从传统交通信息检测器（如气象监测器、基础设施监测设备、普通摄像头等）向新型交通传感器（如智能摄像头、毫米波雷达、激光雷达等）升级演进，路侧感知计算单元从小型的计算芯片向算力增强、与算法深度适配的计算设备（如路侧 MEC 工控机）升级演进，路侧感知系统从支撑单一功能场景（如 ETC、红绿灯管控、违章抓拍等）不断向支撑复合功能场景（如交通数字孪生、辅助驾驶、车道级诱导管控等）的形态升级演进。从路侧感知系统的产业层面看，各地车联网先导区、智慧高速试点工程、测试示范区等建设场景对路侧感知系统的需求不断增多，路侧感知系统相关产业链加速集聚，产业整体进入快速发展阶段，逐步形成了细分领域广、产品类别多、技术路线丰富的产业生态。

（一）技术发展现状及趋势

1. 路侧感知系统架构

路侧感知系统的整体架构及组成要素如图5-1所示。在整体架构中，路侧感知系统通过接入网络连接平台，一方面与RSU进行通信，实现与用户的交互；另一方面与智能化交通管理基础设施进行交互，实现对红绿灯等路侧设施的控制。

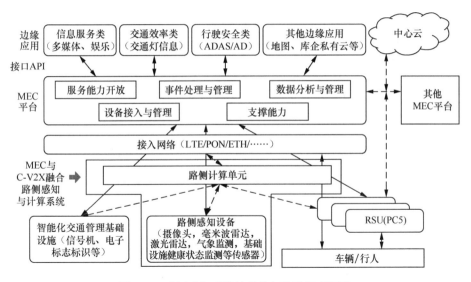

图5-1　路侧感知系统的整体架构及组成要素

路侧感知系统核心组成包括路侧感知设备和路侧计算单元。其中路侧感知设备的功能如下。

（1）摄像头、毫米波雷达、激光雷达：主要用于采集交通环境中的图像、视频、点云等原始数据，并将数据回传至路侧计算单元。

（2）气象监测、基础设施健康状态监测等传感器：可以实时提取微观气象信息和基础设施运行状态信息，如能见度、风力等级、路面破损情况等，还可以进一步融合事件及目标类信息。

路侧感知设备一般通过有线网络接入路侧计算单元，能够输出结构化数据的智能传感器可以选择以有线或无线方式直接将数据回传至MEC平台。

路侧计算单元负责数据处理与消息生成，其具体分工如下。

（1）感知数据计算处理：路侧计算单元对路侧感知设备上报的数据进行时空同步、多传感器融合计算，从而生成结构化的感知数据，如交通事件监测信息、交通参与者的状态信息等，具有较强的实时性。

（2）路侧应用本地实现：路侧计算单元通过分析感知数据，并通过RSU与各类交通参与者进行交互，在不需要上层平台参与的情况下实现区域性智能网联汽车的协同感知及决策与控制等本地应用。

（3）平台应用数据支撑：路侧计算单元将数据回传至上层MEC平台，提供交通路况特征信息，包括车辆密度、流量、车辆速度、天气环境等，实现信号灯配时、交通流优化、交通参与者诱导及应急事件调度等功能，提升交通运行效率。

路侧计算单元一般选择在路侧感知设备就近部署，以便降低数据处理时延。一种更具应用前景的"扁平化"组网架构通过，利用光纤/5G专网将路侧感知设备采集的原始数据直接汇聚至处于机房环境的边缘计算平台进行融合处理，但受限于专网的部署成本较高，这种应用目前尚未大面积普及。

在此架构下，本节聚焦摄像头、毫米波雷达、激光雷达这3类交通传感器及其对应的计算设备，对气象监测、基础设施健康状态监测等其他交通传感器进行简要的介绍与分析。

2. 路侧感知设备

（1）摄像头

摄像头是构建路侧系统视觉感知能力的重要传感单元，其优势在于能够从道路环境中获取丰富的纹理色彩和语义信息，实现精细化的目标（行人、机动车、非机动车等）识别。在智能交通和驾驶自动化领域，摄像头对识别车道线和交通标志具有明显优势，也更能满足视频监控、图像抓拍等场景需求。其劣势在于受环境光的影响大，在强光照射、高亮反白物体、夜晚弱光等情景下，原始采集数据质量较差，影响感知结果的判定。摄像头的通用性能指标包括分辨率、视角、有效识别距离等，不同的应用场景对摄像头的性能要求不同，如适用的气象条件、可同时识别的目标类型、探测范围、测量误差等。从功能应用上摄像头可分为视频监控摄像头和应用摄像头，具有前端分析需求的场景一般采用应用摄像头，如人脸识别摄像头、车辆抓拍摄像头、"违停球"等。从产品形态上摄像头可分为球机、枪机和筒机，选择类别大多根据场景需求弹性适配，如有场景更换或者巡更需求的场景可采用球机，有超高防爆需求的场景可采用筒机，无特定需求的场景通常采用枪机。从识别原理上摄像头主要分为单目和双目两种类别，单目、双目摄像头的优缺点如表5-1所示。

表5-1 单目、双目摄像头的优缺点[1]

摄像头类型	优点	缺点
单目摄像头	成本较低； 系统结构相对简单； 对标定的要求相对较低	需不断更新和维护一个庞大的样本数据库，才能保证系统达到较高的识别率； 无法对非标准障碍物进行判断； 距离测量准确度较低； 难以得到目标的深度信息

1　来源：IMT-2020(5G) 推进组 C-V2X 工作组。

摄像头类型	优点	缺点
双目摄像头	没有识别率的限制，不需要先进行识别再进行测算； 直接利用视差计算距离，测距准确度比单目摄像头高； 不需要维护样本数据库； 可以得到目标的深度信息	组件多，成本高，体积较大； 双目视觉系统通过估计视差来测距，视差通过立体匹配算法求得，而立体匹配是计算机视觉系统的典型难题； 双目智能摄像头在线标定比单目智能摄像头更复杂，需要通过校正将两个镜头光轴方向平行并和基线垂直

（2）毫米波雷达

毫米波雷达是工作在毫米波波段（通常指 30～300GHz 频段）的探测雷达，具有精准捕获目标速度、宽探测角度、长探测距离、多目标跟踪、全天候全天时（不受光照条件及雨、雪、雾等恶劣天气影响）工作、低成本等优势，其劣势在于对目标类型的识别能力较弱，且被测物体行驶姿态的变化，有效回波不确定，从而造成误检或漏检。根据辐射电磁波方式不同，毫米波雷达主要有脉冲和连续波两种工作机制。脉冲毫米波雷达主要应用于军工领域，如跟踪雷达（引头制导雷达）。目前支撑智能交通业务和车路协同应用的毫米波雷达主要采用调频连续波（FMCW）调制方式及多输入多输出（MIMO）扫描技术，通过对道路环境中多目标运动状态的跟踪检测，实现交通流检测、交通事件检测等感知能力。从覆盖范围上讲，目前毫米波雷达大多安装于信号灯杆件上，针对信号控制、排队长度检测或车路协同安全预警等业务场景，长距离、广覆盖的毫米波雷达更受"青睐"。从功能上讲，当前毫米波雷达产品不仅限于感知单体的运动状态，还能基于多目标状态的综合分析给出支撑交通态势感知的检测结果。毫米波雷达的基本性能指标包括检测距离、分辨率和精度，分别代表雷达从距离、速度、角度 3 个方面区分目标的能力和测量的准确程度。

按照频段划分，毫米波雷达常见的工作频段有24GHz频段和76～81GHz频段，少数国家（如日本等）采用60GHz频段，欧美等汽车与交通产业成熟度高的国家或地区主要将76～81GHz频段用于车载毫米波雷达。2021年12月，工业和信息化部发布《关于印发汽车雷达无线电管理暂行规定的通知》（工信部无〔2021〕181号），该文件明确汽车雷达使用的频率范围为76～79GHz。2023年3月，《交通信息采集 微波交通流检测器》（GB/T 20609-2023）发布，规定微波交通流检测器的频率范围为24～24.25GHz，这一频段因其技术成熟和产业链完善，在未来较长时间内仍会是路侧交通检测雷达的主流频段。同时，伴随测距、测速等分辨率及准确率更高的需求，2024年8月，工业和信息化部无线电管理局就公开征求对《雷达无线电管理规定（试行）（征求意见稿）》的意见，计划将92～94GHz频段分配给交通路侧雷达使用。

（3）激光雷达

激光雷达与毫米波雷达的探测原理相似，通过激光主动探测成像，不受环境光影响，直接测量物体的距离、方位、深度、反射率等，在探测稳定性、响应速度、测距精度、环境信息获取等方面具有明显优势，能够精准捕获目标运动状态，对于实现交通环境精细化感知具有重要的支撑作用。相较于毫米波雷达，激光雷达对环境的适应性较差（如雨天引入的镜面反射），同时获取的数据量远超毫米波雷达，需要更高性能的路侧计算单元提供算力支撑，其部署成本也相对较高。激光雷达的主要技术指标包括水平视场角、水平角度分辨率、垂直视场角、垂直角度分辨率、测距能力、测距精度、重复性误差等。针对路侧不同场景工况，激光雷达性能参数的需求侧重点具有差异性，如中远距离雷达更适合高速场景、城区路口及路段场景，短距离雷达适合小场景补盲，未来基于FMCW技术的产品较为适合中远距感知场景，闪光（Flash）技术更适合短距检测的需要，其他性能参数可依据场景针对性地进行设计。

按照内部扫描机制，激光雷达大致可分为机械扫描式和非机械扫描式两大类，其中机械式激光雷达又可分为整体旋转式激光雷达和旋转棱镜式激光雷达，而非机械式激光雷达可分为微机电系统（MEMS）雷达、Flash雷达和光学相控阵雷达。激光雷达分类如表 5-2 所示。

表 5-2　激光雷达分类[1]

分类	工作原理	优点	缺点	主要应用商
整体旋转式	电机带动测距模组整体进行旋转扫描	器件成熟度高，结构简单，容易实现	体积大，成本高，描部件寿命短	禾赛科技、速腾聚创、万集科技、Velodyne
旋转棱镜式	测距模组不动，电机带动反射镜旋转实现光束扫描	器件成熟度高，扫描部件质量小	体积大，成本高	法雷奥、万集科技
MEMS	测距模组不动，信号驱动MEMS反射镜发生角度偏转	体积小，质量小，量产成本低	收发系统效率低，MEMS器件不成熟	速腾聚创、Velodyne
Flash	发射光源和接收探测器均为阵列式	体积小，量产成本低	测量距离近	IBEO、LeddarTech
光学相控阵	通过调节发射阵列中每个发射单元的相位差来改变激光的出射角度	扫描速度快，精度高，可控性好	处于实验室阶段，不成熟	Quanergy

以上 3 种路侧感知设备因结构、原理等不同而各有其特点与局限性，表 5-3 从采集信息的种类、工作场景、定位精度、环境适应性、成本等多个方面对 3 种路侧感知设备的特性归纳总结。

1　来源：IMT-2020（5G）推进组 C-V2X 工作组。

表 5-3　路侧感知设备的特性对比 [1]

	摄像头	毫米波雷达	激光雷达
优点	信息丰富，细节足够多； 感知技术相对成熟； 成本相对低廉； 目标分类准确； 横向分辨率高； 可识别车道线和交通标志	直接获取目标位置、角度、速度等信息； 可适应雾、烟、灰尘等天气，全天候全天时工作； 成本相对低廉	准确定位目标位置，精度高； 识别追踪能力强，可获得行人甚至小目标的精准轮廓； 全天时工作； 可3D成像
缺点	受天气、环境光、背景对比度影响较大； 难以获取准确的三维信息； 定位精度低	点云稀疏，二维平面，无法实现目标分类，环境细节信息缺失严重； 无法探测静态物体及行人； 检测目标噪声较多； 对目标横向位置的探测准确度不高； 不能对目标进行准确分类； 不能识别交通标线类目标； 追踪难度大	环境敏感度高，易受大雨、大雪、雾霾等恶劣天气影响； 成本高

（4）其他传感设备

其他路侧感知设备主要包括气象监测、基础设施健康状态监测类传感器，这些传感器可用于提取交通环境下的气象信息，如团雾、大风、大雪、路面结冰等情况，以及反映基础设施实体全生命周期过程的各类信息，如依据更新频率划分半静态信息、半动态信息及动态信息等，这些信息对于支撑交通安全、效率管控及辅助驾驶等各类车联网应用具有关键作用。

此类传感器的产品及技术成熟度较高，其分类维度主要从应用、感知对象的角度划分，既包括前文提到的摄像头、雷达等通用型传感器，也涵

1　来源：IMT-2020（5G）推进组 C-V2X 工作组。

盖能见度传感器、大气透射仪、遥感路面状态传感器、路面温度传感器等专用传感器，目前在高速公路建设、管理、运营、维护等各类场景中已规模化使用。表 5-4 从感知对象、信息参数及感知设备类别 3 个维度，梳理了面向不同感知场景的感知设备。

表 5-4　面向不同感知场景的感知设备[1]

感知对象		信息参数	感知设备类别
气象信息	能见度	能见距离	能见度传感器、数字化摄像头、大气透射仪、激光能见度自动测量仪、交通气象监测站、全自动高速公路气象站
	路面状态	路面温度	遥感路面状态传感器、路面温度传感器、主动式智能路面传感器、交通气象监测站、全自动高速公路气象站
		路面干湿度	
		路面结冰	
	风力	风力等级	交通气象监测站、全自动高速公路气象站、单轮式横向力系数测试仪
半静态信息	标志	位置、信息、健康状态	智能网联标志、用于监控标志的高清摄像机、毫米波雷达等
	标线	位置、信息、健康状态	内置智能芯片的标线
	护栏	护栏识别、健康状态	智慧护栏
	路面技术状况	路面损坏状况指数（PCI）、路面行驶质量指数（RQI）、路面抗滑性能指数（SRI）	多功能路况快速检测设备、用于监控道路的高清摄像机、激光传感器等

1　来源：IMT-2020（5G）推进组 C-V2X 工作组。

感知对象		信息参数	感知设备类别
半动态 信息	路面遗洒	遗洒物位置、遗洒物信息、周边环境	用于监控道路的高清摄像机、能见度传感器、环形磁感线圈
	临时管控	位置、时段、类型、路径变更等	智慧锥桶
动态信息	交通 信号灯	配时方案、信号状态、交叉口信息	智能信号机

3. 路侧计算单元与算法

路侧计算单元是部署轻量化算力环境，支撑多源数据融合处理的硬件载体，产品形态以工控机类设备、专用嵌入式设备为主，通常配备较高性能的 CPU、智能加速卡等硬件及灵活可配的边缘调度软件。工控机类设备的性能较强，接口丰富，可扩展性强，但对温度、运行环境要求也相对较高。专用嵌入式设备性能相对较弱，但对部署环境要求低，易部署。此外，为更好适配场景定制化需求，基于 FPGA、ASIC 系统开发的定制化计算设备也不断被采用，以提供强大的计算能力和灵活性。

在路侧感知系统的实际部署中，前端的多源传感器与路侧计算单元的选择紧密耦合，为融合感知算法（软件）提供良好的运行环境，以充分利用多路信源的信息互补及组合优势，获得对环境的一致性观测，提升路侧感知系统的感知精度。当前主流的路侧感知算法从融合实施阶段区分，可分为原始数据融合、特征级融合及目标级融合 3 种主要类别，如表 5-5 所示。

表 5-5　融合感知算法技术路线的对比 [1]

算法类别	融合数据源	融合难度	融合效果	系统功能安全	应用条件
原始数据融合	激光雷达与激光雷达，激光雷达与摄像头	高	高（可保留更多信息）	低	需要由同一个厂家（集成商）来设计算法
特征级融合	一般是激光雷达与摄像头	较高	中	中	具有激光雷达检测能力、摄像头检测能力
目标级融合	激光雷达与摄像头，毫米波雷达与摄像头	低	低（但有冗余检测）	高	单个传感器厂家提供相应的目标层面数据

　　原始数据融合是指在目标特征提取之前就完成多维数据（如图像、点云等）的叠加融合，该方案能最大限度地保留原始信息的内容，生成高精度的感知数据，但同时存在时空同步难、算力消耗大等问题，鉴于其实现难度较大，当前选择该技术路线开发路侧感知系统的厂家较少。

　　相比而言，业内目前最普遍、适用范围最广的是目标级融合，各传感器回传的原始数据独立处理，生成结构化数据后再进行融合，该方案实现难度低，易于敏捷部署，缺点是原始数据会在独立处理的环节中丢失精度，导致融合感知精度有一定程度的降低。

　　另有部分厂家选择特征级融合的技术路线，对来自不同传感器的原始信息进行特征提取，然后对特征信息进行综合分析和处理，在降低实现难度的同时，能够进一步丰富语义信息，一定程度地保证融合感知精度。

（二）标准化现状

　　路侧感知系统标准体系正处于不断完善的阶段。路侧感知系统涉及通

1　来源：IMT-2020（5G）推进组 C-V2X 工作组。

信、汽车、交通及市政等多方面的交叉与协作。当前，中国通信标准化协会（CCSA）、中国智能交通产业联盟（C-ITS）、中国汽车工程学会（CSAE）等组织从路侧感知系统的总体要求、传感、应用数据等方面展开标准化工作。另外，面向路侧感知系统与单车系统的融合需求，以及路侧感知系统的可靠性、安全性标准与要求正在开展预研。

2024年6月，CCSA牵头制定的行业标准《车路协同 路侧感知系统技术要求及测试方法》发布。该标准规定了车路协同路侧感知系统的总体架构，并从系统通用要求、基础性能指标、交通参与者感知、交通事件及交通流检测4个维度提出了具体的技术要求和相应的测试方法。这些要求包括但不限于车道感知覆盖率、系统感知时延、系统频率、定位精度、尺寸检测精度、速度检测精度、航向角检测精度等关键性能指标，并详细描述了测试环境、测试系统架构、被测系统要求及具体的测试步骤，旨在指导和规范车路协同路侧感知系统的设计研发、测试验证及应用部署。目前该标准已应用于多地先导区建设与验收工程，得到了产业与实际应用的验证。

中国公路学会于2022年1月立项了《车路协同智能路侧感知传感技术标准》，并于2024年3月15日形成征求意见稿。标准旨在为车路协同系统中智能路侧感知传感技术提供一套标准化的规范。该标准涵盖了从术语定义到具体的技术要求，包括传感器的功能需求、详细的技术参数指标、传感器的标定方法及感知技术的性能指标。

同时，2023年中国公路学会发布《高速公路路侧智能感知技术指南》，并于2022年11月23日形成征求意见稿。该指南旨在规范高速公路路侧智能感知技术的应用，包括设备布设、数据处理和安全要求。该指南适用于高速公路车路协同及自动化驾驶项目，也可供其他等级公路的路侧智能感知技术建设及应用参考。该指南强调了统筹布局、因路制宜和先进适用的原则，并提出了具体的技术性能要求、时间同步、空间同步、接口要求等，同时对设备布设、数据处理和安全措施提供了详细的指导和规定。

C-ITS 于 2019 年 9 月 30 日发布了《智能交通 路侧智能感知 应用层数据格式》，该文件规定了智能交通系统中路侧智能感知设备在应用层场景下的数据交换格式，包括数据集的定义和编解码方式。同时，C-ITS 推进《车路协同 路侧感知系统》系列标准（包含《车路协同　路侧感知系统　第 1 部分：技术要求》与《车路协同 路侧感知系统　第 2 部分：测试方法》）的制定。标准规定了车路协同系统中路侧感知系统的组成架构、技术要求、系统分级、应用场景及相关设备设施的详细技术规范。标准适用于城市道路、公路和封闭园区车路协同系统的设计、开发、运行和维护。标准涵盖了从信息采集单元、路侧计算单元到信息发布单元的所有技术细节，旨在确保路侧感知系统能够高效、准确地服务于车路协同应用。

（三）测试评价情况

1. 评测指标体系

路侧感知系统相较于传统的交通检测器，具有功能复合程度高、服务对象广等特点。因此，传统的设备级评测指标无法直接应用于真实工况下的系统级评测。首先，路侧感知系统需要从"设备级"到"系统级"指标定义；其次，路侧感知系统需要在真实工况下高效、准确的测试方法来确保对其不同功能的验证。因此，中国信通院联合路侧感知设备方案商、电信运营商、汽车企业等单位，从应用场景对路侧感知系统的功能及性能需求导入，牵头制定了《车路协同　路侧感知系统技术要求及测成方法》（YD/T 4770-2024）。2021 年以来，中国信通院通过在武汉、成都等地进行实际的大规模测试活动，针对路侧感知系统的系统化分级指标要求，建立并验证了系统级的测试方法，并解释了系统能力指标要求与应用之间的分级对应关系，为面向应用服务的车联网建设打下了标准化基础。

2. 标准化先导评测活动

2021 年 6 月，以 IMT-2020(5G) 推进组 C-V2X 工作组为指导单位，由中国信通院联合业内多家企业共同发起了国内首次车联网路侧感知系统标准化先导评测活动。活动以路侧感知系统整体为评测对象，由设备集成商、供应商、算法提供商等通过自由组队的方式，汇集了共计 10 余种路侧感知系统主流解决方案。活动选择了城市真实工况的开放路口环境作为测试区域，最大限度地还原路侧感知系统在实际应用中的典型场景。

参评的路侧感知系统分为"摄像头 + 毫米波雷达""雷视一体机""摄像头 + 激光雷达""摄像头 + 毫米波雷达 + 激光雷达"4 种组成形态，不同产品形态在不同性能指标上各具优劣。通过对测试结果的分析对比发现，感知范围、定位精度、响应时间、感知时延、识别准确率等基础共性指标与交通事件、交通流等功能要求项的关联性较大，即基础共性指标越好，绝大部分功能项指标对应表现就越好。下面着重对基础共性指标[1]展开分析。

（1）感知范围：即传感器安装点与待测系统能够稳定检测到真值车最远端点的欧式距离，稳定检测定义为待测系统能够连续输出 10 帧满足给定定位精度的感知结果，以真值车输出的第一帧的经纬度作为最远端点。如图 5-2 中虚线框区域所示，定位精度小于 200cm 时，以毫米波雷达为主的

1　来源：中国信通院。

系统感知范围更远（约200m），此时以激光雷达为主的系统感知范围约为100m；但当定位精度小于50cm时，只有以激光雷达为主的系统能够产生约50m的感知范围，如图5-2中实线框区域所示。

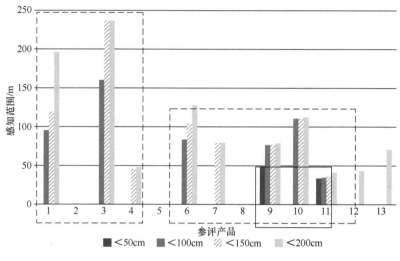

图5-2　不同定位精度下的感知范围

（2）定位精度：在给定测试区域内，以真值车输出的经纬度为绝对真值，计算待测系统检测到真值车位置与绝对真值的欧式距离。如图5-3中虚框区域所示，超过50%的系统定位精度能够落在2m以内，部分系统定位精度小于1m。值得说明的是，以毫米波雷达为主的路侧系统中，零多普勒滤波器的探测原理会导致连续跟踪中对目标静止状态（如红绿灯暂停）的短暂"失锁"。

（3）响应时间与感知时延：以真值车到达参考线为触发事件，待测系统检测到该事件的时刻与实际发生时刻（真值车记录）的差值为系统响应时间。待测系统记录的从传感器采集原始数据到融合处理生成结构化数据的时延为感知时延。如图5-4中虚线框区域所示，约70%的系统响应时间小于 200ms，由于响应时间的测试方法与定位精度强相关，故取值有正负，如图 5-5 虚线框区域中所示，约 70% 的系统感知时延小于 150ms。

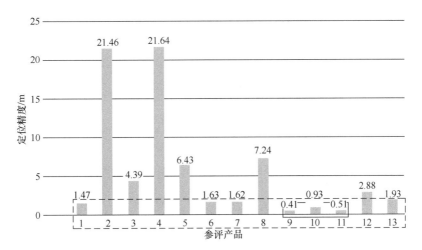

图 5-3　给定测试区域内的定位精度

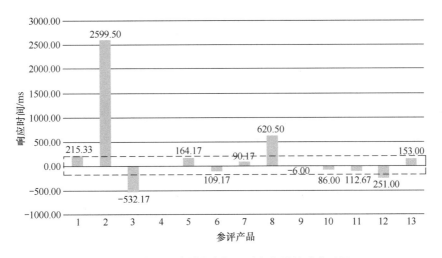

图 5-4　待测系统判定车辆通过参考线的响应时间

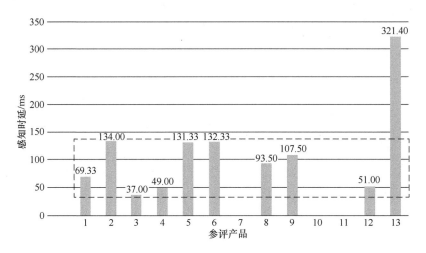

图5-5 待测系统感知计算生成结构化数据的时延 [1]

（4）对交通参与者的识别分类能力：如图5-6所示，在对机动车识别分类方面，约85%的系统分类准确率（在检测出的样本中分类正确的比例）高于90%，但漏检率（未检出样本数与实际应测的样本数比例）偏高，原因涉及天气、交通参与者数量、大型车辆引发的点云遮挡等，在真值工况下很难控制以上环境变量，误检率（将不存在的物体判定为应测样本的比例）基本控制在10%以内；相比之下，如图5-7和图5-8所示，各系统对非机动车／行人的识别分类能力差异较大，整体性能有待进一步提升。

从整体的评测过程及结果来看，影响路侧感知系统性能的核心因素主要来自以下3个方面：一是构成系统的设备性能瓶颈，如不同传感器组合的硬件瓶颈、路侧计算单元的算力受限等；二是标定调试环节中暴露的诸多问题，如毫米波雷达的静态标定问题，激光雷达的外参标定问题，摄像头标定错误、授时同步等问题；三是原始数据融合、特征级融合、目标级融合、多点位融合等融合算法的设计各具优劣。

1　参评产品7、10、11的系统感知时延数值过大，不显示具体数值。

　　总体来看，目前传统智能交通的感知类设备仅适用于部分面向车路协同的安全预警类场景，这类场景以自车感知为主，路侧感知作用相对有限；而对于其他车路协同场景，尤其是协作式通行、自动驾驶等复合功能场景，其技术及产品成熟度仍有提升空间。

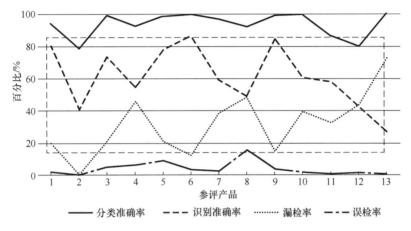

图 5-6　对机动车的识别分类能力

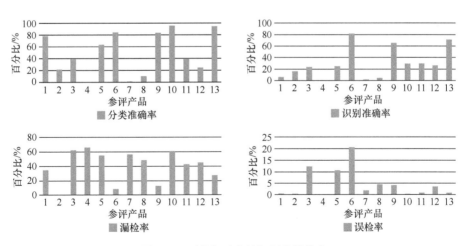

图 5-7　对非机动车的识别分类能力

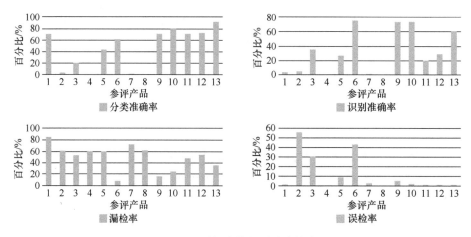

图 5-8　对行人的识别分类能力

（四）产业链主体和动态

1.产业链构建情况

当前路侧感知产业已逐渐形成完备产业链。电信运营商通过联通智网、中移智行、天翼交通等专业公司作为集成商提供整体解决方案。算法提供商（如商汤的子公司绝影）提供路云平台等智能路侧感知产品及车路协同云平台，实现了"车－路－云"一体化的驾驶自动化和交通决策及控制；华为、海康、大华等传统安防设备提供商通过整合提升计算资源，形成了以视觉摄像头、毫米波雷达为主的路侧感知系统解决方案。算法与设备提供商、互联网科技企业、电信运营商等角色组成了路侧感知系统产业链的上下游，为路侧感知系统的研发与应用提供了充足的发展土壤。

2.产业动态趋势

在路侧感知传感方面，摄像头高分辨率与低能见度感知能力提升。目前，摄像头是路侧数据生产量最大、最主要的感知设备。智慧道路的发展对路侧感知硬件的要求越来越高，传统摄像头可采集识别的信息量较小，因此，利用AI计算能力提高摄像头的分辨率、增加摄像头的功能成为主流方案。华为、大华、百度、宇视科技等都推出了AI摄像机，例如，华为的AI超微光摄像头搭载开放架构的软件定义摄像机（SDC）OS，可以实现"软件定义"摄像头。此外，摄像头与其他传感器融合输出成为趋势。采用多传感器融合方案，如万集科技的路基3D激光雷达和摄像头信息融合，可以弥补单一感知设备的局限性，极大地提高了数据获取的准确性与可靠性。

在毫米波雷达方面，毫米波雷达作为传统交通参数与交通事件检测的核心设备，其检测精准度、气候适应性及部署成本经过了多年的验证，其性能与应用也在逐年拓展与提升。慧尔视推出新一代广域雷达微波智能感知系统，该系统能够提供更丰富、多元的数据。木牛科技推出的WAYV系列超远距毫米波雷达探测距离最远可达1000m。此外，传统毫米波雷达存在分辨率较低，无法分辨垂直方向目标的问题，因此，4D成像雷达得以切入路侧感知市场。4D毫米波雷达通过多芯级联、虚拟合成孔径等技术，大幅提升了毫米波雷达的分辨率，达到"点云成像"的效果。慧尔视于2022年7月推出了用于路侧感知的4D毫米波雷达产品。德冠隆也于2023年3月推出了4D毫米波成像雷达解决方案，可在600m范围内支持最大跟踪1000个结构化目标数据信息输出。大陆集团、华为、傲酷等布局路侧感知的厂商均已推出4D毫米波雷达。

在激光雷达方面，首先，激光雷达展现出了规模化应用与成本降低的趋势。激光雷达在车端的规模化量产及价格持续下降，为其在路侧的应用打下了良好的基础。万集科技、希迪智驾、镭神智能、图达通等企业研发了专用于路侧的激光雷达产品。京台高速泰安至枣庄段安装了33套激光雷达，北京亦庄、上海嘉定的智慧路口均采用了激光雷达。其次，激光雷达以其精准识别与数据获取能力，仍然在高精度场景下表现出了其不可替代性。激光雷达可以获取目标的高精度三维信息，进行电子围栏管控，并在特定区域独立实现一些特定功能（如目标过滤、定制通信等）。例如，万集科技在雄安市民服务中心 V2X 示范项目和高铁枢纽道路智能化项目中成功部署融合 V2X 路侧天线和激光雷达的智慧基站，实现高精度的目标感知与跟踪。

在集成部署方面，路侧感知系统正向一体化、融合化、全息化发展。路侧传感器作为路侧感知系统的信息收集与获取最前端，是整体系统的性能基石。路侧传感器不断引入新技术，提升感知性能。同时，路侧感知系统展现出与车载感知技术方案的趋同发展趋势，融合感知方案已形成行业基础共识，异构传感器的一体化融合进一步降低了部署成本。

在传感器整合方面，多传感器一体机集成逐渐成为主流方案。将多种感知传感器集成封装进同一设备，在提升设备稳定性的同时，可降低实际部署与制造成本。同时，传统一体化集成方向主要集中在雷达与视觉传感器上，而路侧感知技术的最新市场则朝着多光谱、多焦距等方面发展。华为于 2023 年 3 月推出双目雷视流量事件一体机，通过长短焦镜头接力，将视频与雷达感知融合，实现隧道全范围雷视感知。卓视智通 2023 年 4 月推出自研双光谱系列产品，通过红外热成像及可见光视频双光谱视频采集，融合毫米波雷达交通分析技术，能够准确地检测目标的位置、速度等信息，并且不受天气状况的干扰，覆盖范围大。

先进融合算法提升跨域感知能力。路侧感知系统在满足单点位感知性能后，继续攻关车 – 路数据融合感知、路端跨域感知等感知融合问题。当前车端感知算法的迭代升级也给路侧感知带来了新思路，产业展现了将路侧感知系统算法与车侧感知向架构趋同融合的尝试。2023 年 1 月，百度发布了 UniBEV 车路一体解决方案，该方案集成了车端多照相机、多传感器的在线建图、动态障碍物感知，以及路侧视角下的多路口多传感器融合等任务。路侧感知采用与车端相似的 BEV+Transfomer 技术栈，可增强路端跨域融合能力，解决跳变跟踪等数据处理问题，同时 BEV 感知方案降低了不同视角、不同传感器之间的转换壁垒。通过统一车路感知架构，有望通过路端采集的数据辅助车端感知算法的训练，同时推进车路融合感知应用进程。融合算法由单点融合走向跨域融合 + 车路融合示意如图 5-9 所示。

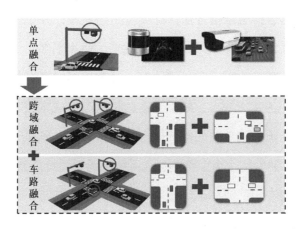

图 5-9　融合算法由单点融合走向跨域融合 + 车路融合示意[1]

在全息感知方面，多传感器深度融合加速全息路口部署进程。华为、百度、浦和数据、集萃感知等相继推出了全息感知方案。例如，华为发布全息路口 1.0 方案及后续的 2.0 方案，采用 AI 超微光卡口 + 毫米波雷达 +ITS 800 边缘计算节点 + 路口高精地图的组合，适用于各种路口场景。百度推出驾驶自动化、车路协同、高效出行智能路口解决方案，通过路侧部署卡口相机、鱼眼相机、激光雷达等设备实现全要素感知。智慧高速、城市交叉路口智能感知、一体化智慧杆等示范产品落地后带来了明显的社

1　来源：中国信通院。

会效益，如沪杭甬智慧高速先行段使平均车速提升 8%、通行能力提升 20%，政府建设意愿强，可形成大规模商业化应用。

（五）问题与挑战

在快速发展的同时，路侧感知系统的准确性与可靠性仍存在提升空间，其问题和挑战涉及多个层面，包括传感器的选择与维护、数据融合与算法应用、系统建模与测试评估，以及成本与部署等。

在传感器的选择与维护方面，针对应用场景设计并选择适配精度的传感器类型将较大程度地影响最终的应用效果。路侧感知系统常用的传感器包括激光雷达、毫米波雷达和摄像头等。针对不同的环境与应用场景，不同的传感器组合各有优缺点，如激光雷达精度高但成本较高，摄像头成本低但受天气和光照影响大。如何选择合适的传感器并确保其精度，是保证系统准确性的首要问题。当前路侧感知系统中场景设计与传感器选择错配，会造成"杀鸡用牛刀"或"小马拉大车"的问题。同时，路侧感知系统的传感器部署与维护也会较大程度地影响持续性的精度与可靠性保障。传感器的安装位置、角度和数量会直接影响感知范围和精度。同时，路口的重载车辆、天气等因素，会造成路侧感知系统标定参数变化，因此，定期对传感器进行维护和校准也是确保其长期保持高精度的必要措施，当前路侧感知系统在长期维护方面，存在维护不足、持续运营机制缺失等问题。

在数据融合与算法应用方面，当前路侧感知系统需要将不同传感器收集到的数据通过融合技术整合，以提高感知信息的精度和鲁棒性。目前普遍采用的融合技术路线为目标级融合，但此种方法会丢失部分原始数据的精度，因此，开发更有效的融合算法是提升准确性的关键。此外，部分厂家采用特征级融合技术路线，如激光雷达与摄像头的数据融合，能够进一步丰富语义信息，提高感知精度，但这也增加了数据处理的复杂性，需进一步协调路侧的算力资源以及通信数据承载能力。

在系统建模与测试评估方面，路侧感知系统缺乏系统化的噪声模型与可靠性分析体系。当前阶段，路侧感知系统较为依赖基于真值的测试方法实现对路侧感知系统性能的量化评估，但缺少可以实时量化评估路侧感知系统性能的模型与工具。此外，路侧感知系统缺乏覆盖系统设计研发、生产制造、运行维护等全生命流程的功能安全与预期功能安全体系，缺乏危害事件保险机制，导致应用层信任程度下降，阻碍了应用的落地发展。

同时成本与部署问题也是一大挑战，高成本的激光雷达和高性能计算单元对系统的部署构成压力，多传感器集成和算法优化需要在成本和性能之间找到平衡。

在数据安全与隐私保护方面，收集和处理大量交通数据时必须确保数据安全和保护用户隐私。此外，需要更多的政策法规来支持路侧感知系统的标准化和规模化部署。

小结

当前车联网将进入大规模部署与应用的新时期。路侧感知系统作为车联网新基建的重要组成部分，与其相关的标准研制、设计规划、建设部署、测试验收等工作需要一定的理论依据及技术支撑。本章通过对各类应用场景的需求分析，提出了面向不同应用、不同功能需求，界面清晰的分级分类原则，并进一步提炼路侧感知系统的共性支撑架构；同时，系统地阐述了当前路侧感知设备与路侧计算单元的核心产品与技术路径，并对未来产品形态、产业链演进趋势作出研判。

第六章

车联网网络

网络作为连接"人－车－路－云"的关键纽带，是车联网系统持续发展的重要基础。在 C-V2X 直连通信方面，LTE-V2X 已形成较为完善的技术标准体系和产业链；NR-V2X 技术标准有待验证，未分配频谱资源，相关产品尚未成熟。在蜂窝通信方面，随着 5G 关键性能指标的显著提升，5G 网络从支持车载 AR/VR 等多元化信息服务，逐步向支撑车路协同应用、远程遥控驾驶等方向演进。

（一）技术发展现状及趋势

1. 车联网网络组成

车联网网络由 5G 蜂窝通信网络和直连通信网络、路侧数据传输网络等融合组成，如图 6-1 所示。5G 蜂窝通信支持车辆与边缘云、区域云、中心云之间的通信，可将交通信息、交通状态、路侧融合感知等信息发送给车辆。C-V2X 直连通信支持车－车、车－路间近程通信，支持交通信号机、路侧融合感知等信息通过 C-V2X 直连通信同时向多车辆进行高效播发，以及多车辆之间的车辆状态、位置等信息交互。路侧数据传输网络支持路侧设备之间互联组网，以及路侧设备、边缘云、区域云和中心云的全互联通信。此外，在道路光纤无法到达的区域，可依托 5G 蜂窝通信网络完成路侧设备与云平台之间的数据传输。

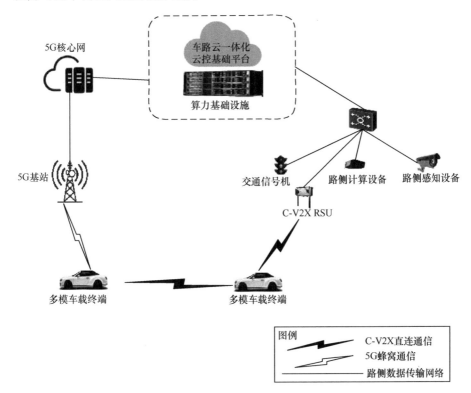

图 6-1　车联网网络架构

2. C-V2X 直连通信技术

利用蜂窝移动通信的技术与产业优势，研究基于蜂窝通信的车联网通信技术，特别将蜂窝通信技术和直连通信技术有机结合起来，解决车－车、车－路、车－人的低时延、超可靠通信难题，支持智能交通和驾驶自动化系统等垂直行业新应用，是 C-V2X 技术的研究目标。一方面，为了满足 V2V、V2I、V2P 通信的低时延、超可靠需求，C-V2X 技术基于 3GPP "设备到设备"（D2D）通信技术，引入了直连通信特性，用户终端（UE）间可不经过基站转发直接进行数据传输，在高速移动环境中提供低时延、超

87

可靠、高速率、安全的通信能力，满足车 – 车、车 – 路信息快速交互的需求。另一方面，为了支持信息服务类等 V2N 业务，C–V2X 技术支持传统蜂窝特性，对终端与基站间通信进行了针对性增强设计，适应车联网多样化应用需求，可最大程度利用现有蜂窝网络及终端芯片平台等研发设计基础，复用 4G LTE/5G NR 基站等基础设施资源，节省网络建设投资与芯片研发成本。

C–V2X 直连通信技术标准由国际标准组织 3GPP 制定，包含 LTE–V2X（基于 4G 技术）和 NR–V2X（基于 5G 技术）两个阶段，当前国际主流以 LTE–V2X 技术为主。3GPP 制定的 LTE–V2X 技术发布了 Release 14 和 Release 15 两个版本的技术标准，其中 Release 14 版本的技术验证及产业化进程均相对比较成熟，当前我国乃至全球 LTE–V2X 产品和系统绝大多数是基于 Release 14 版本研发的，故在本章中提到的 LTE–V2X，如无特殊提及，均默认为 Release 14 版本。

根据我国通信行业标准《基于 LTE 的车联网无线通信技术　总体技术要求》（YD/T 3400 —2018）中关于车联网应用的定义，车联网（V2X）应用的信息交互可采用终端间直连通信模式，或者经由基础设施（如 RSU、应用服务器）在终端间交互信息。为了支持以上应用，LTE–V2X 通信有互为独立、相互补充的两种工作模式，即基于 PC5 直连通信模式的 V2X 通信和基于 LTE-Uu 蜂窝通信模式的 V2X 通信。目前，我国大部分地区的蜂窝通信基础设施已经演进至 5G，因此，基于 LTE-Uu 的 V2X 通信不是本节的重点内容。

前文已述，LTE–V2X 在 PC5 接口上的机制设计是以 LTE-D2D 技术为基础的，3GPP 在 TS 23.303 文档[1]中对 PC5 接口进行了定义。为支持 V2X

1　TS 23.303 基于接近的服务（ProSe）第二阶段。

消息（特别是车辆之间、车辆与路侧基础设施之间的消息）广播、交换快速变化的动态信息（如位置、速度、行驶方向等），3GPP在多方面进行了增强设计，主要包括以下3个方面。

（1）对物理层结构进行增强，以便支持更高的速度

LTE-V2X在高频段下支持高达500km/h的相对移动速度、支持高达250km/h的绝对移动速度，因此对信号物理层结构进行了增强，以解决高多普勒频率扩展及信道快速时变的问题。

（2）支持全球导航卫星系统同步

为保证通信性能，LTE-V2X通信终端的接收机和发射机需要在通信过程中保持相互同步。LTE-V2X可支持包括全球导航卫星系统（GNSS）、基站和车辆在内的多种同步源类型，通信终端可通过网络控制或调取预配置信息等方式获得最优同步源，以尽可能实现全网同步。LTE-V2X还支持最优同步源的动态维护，使得终端可及时选取到优先级更高的同步源进行时钟同步。

（3）更加高效的资源分配机制及拥塞控制机制

作为LTE-V2X的关键核心技术，LTE-V2X PC5接口支持Mode 3和Mode 4两种资源调度模式，即基站调度模式和终端自主选择模式。此外，LTE-V2X还支持集中式和分布式相结合的拥塞控制机制，这种机制可以显著提升高密场景下接入系统的用户数。

同时，LTE-V2X在时延、通信安全、协议一致性等方面也有较严格要求。在时延方面，对于V2V和V2P通信，LTE-V2X最大通信时延不应超过100ms；对于时延非常敏感的特殊用例（如碰撞感知），V2V消息的最大时延不应超过20ms；对于V2I通信，车与路边单元的最大通信时延不应超过100ms。在通信安全方面，LTE-V2X直连通信相较于传统的无线通信技

术具有更高的开放性与随机性，为了防止数据窃听、信息替换、恶意占用信道资源等，需要建立安全通信机制来确保数据的安全传输。在协议一致性方面，由于 LTE-V2X 直连通信也是一种 D2D 通信，每个用户终端地位都是平等的，数据传输不需要经过基站，因此，需要每个用户终端都采用完全一致的通信协议（包括接入层、网络层、消息层协议），来确保传输消息的互联互通。

综上所述，为了实现端到端低时延超可靠 V2X 应用需求，LTE-V2X 直连通信进行了一系列关键技术的创新设计，这些技术包括物理信道及信号设计、同步技术、分布式资源调度技术、通信安全、测试技术等。

此外，在 3GPP 技术标准的基础上，我国对 LTE-V2X 技术进一步深化和优化。中国联通牵头进行了车联网无线场景评估相关研究工作，进一步研究了基于 LTE-V2X 通信的信道特征，为相关通信系统设计和网络部署验证提供参考。中国信通院、大唐高鸿、星云互联、华为等多家 C-V2X 通信龙头企业主导进行了 C-V2X 应用消息的兼容性设计研究，旨在车联网应用消息不断丰富完善的过程中，明确商用规模化部署的 C-V2X 应用消息基线版本，支持多版本 C-V2X 应用消息互联互通，保证应用连续稳定迭代。

3. 面向车联网需求的 5G 关键技术

ITU 提出了 5G 的八大技术指标，包括峰值速率、用户体验速率、频谱效率、移动性、时延、连接数密度、网络能效和流量密度。5G 将支持 10 ～ 20Gbit/s 的峰值速率，0.1 ～ 1Gbit/s 的用户体验速率，毫秒级的端到端时延，每平方千米一百万的连接数密度，每平方千米 10Tbit/s 以上的流量密度以及 500km/h 以上的移动速度。同时，5G 还需要大幅提高网络部署和运营的效率，相较于 4G，5G 的频谱效率提升 5 ～ 15 倍，网络能效和成本效率提升百倍以上。

对于高速移动的智能网联汽车来说，需要支持远程遥控驾驶、自动驾驶增强等应用场景，要求 5G 网络提供超可靠和低时延的传输，是典型的超可靠低时延通信（URLLC）场景。为此，5G 网络需要在多个方面进行增强，以达到用户面时延 1ms 内保证 10^{-5} 甚至 10^{-6} 丢包率的场景目标，接入技术增强主要包括以下 2 项。

① 低时延关键技术。包括灵活的帧结构设计、迷你时隙调度、抢占、上行免授权、基于码块组的反馈和重传等。

② 超可靠关键技术。包括调制编码鲁棒性增强、控制信道单元聚合等级增强、下行控制信息增强、用户面控制信息增强、重复传输、多发 / 多收增强等。

除接入技术增强以外，利用服务质量（QoS）配置、网络切片等，也可以进一步提高业务传输可靠性和降低传输时延。具体车联网应用场景对 5G 网络提出不同的技术需求，大体可以分为网络优化与终端优化、网络性能增强、业务可靠性提升 3 个方面。

（1）网络优化与终端优化关键技术

① 网络优化关键技术

目前 5G 现网以服务手机移动终端为主进行网络规划和网络优化，主流场景包含商业区、居民楼、地铁、交通道路等。从网络规划和网络优化技术方面考虑，其核心参数受手机移动终端的分布、移动速度、上下行业务需求等因素影响。车联网业务与个人用户业务之间具有明显的差异，例如，车辆高速移动带来更强的多普勒效应与更频繁的小区切换，从而出现无线传输性能变化；又如车联网业务中上行传输（视频、图像）需求明显提升，对网络的上行覆盖与带宽提出了更高的要求等，这些都与 5G 现网针对以下行个人用户业务为主进行网络覆盖设计规划有所差异。

因此，当前的网络规划和网络优化需要针对性地增强网络与车联网业务特性之间的匹配程度，首先测试验证当前网络的传输能力，进而结合实际结果，针对性地进行网络规划和网络优化，推动网络服务能力满足业务需求。在这方面，网络运营商已具备相对成熟的解决方案，一是需要进行组网优化及网络移动性策略优化，例如，采用覆盖区域重叠设计，利用多个基站减小网络波动，在对组网方式进行设计时，注重减少网络切换次数；二是需要根据覆盖范围内业务车辆的分布、业务传输需求，修订上行业务模型，提升网络覆盖，提高上行业务传输能力。当前这些增强技术已开展相关的产业实践，例如，中国移动在盐城市部分现网区域进行试点，通过优化网络切换门限参数，尽量保证用户驻留在 2.6GHz 频段发挥带宽优势，同时将 700MHz 频段作为次要频段以保证用户驻留 5G。该方案实施后，700MHz 频段切换成功率明显改善，目标区域上行覆盖能力有较大提升。

② 终端侧功能与性能提升

车辆终端的通信性能与手机移动终端具有显著差异。在硬件方面，由于受到天线数目、车辆穿透损耗、通信模组功能等影响，行业应用终端的无线通信能力各不相同；在软件或策略配置方面，由于行业应用终端采用物联网卡，其支持／开通的网络能力、网络配置策略和"人联网"SIM 卡有所不同，一定程度上影响了通信性能。因此，在相同的网络覆盖下，可能出现手机移动终端可以达到预期的通信效果，而车辆通信终端则无法满足预期，故仍需进一步提升交通行业终端的功能和性能。此外，与传统手机终端不同，行业终端对环境适应性要求更高，目前有些终端的设计还未完全考虑在高尘、高温、高湿等极限环境下的要求。

为此，产业界积极推动产品标准化和测试验证工作。一方面，产业界积极制定面向不同应用场景需求的车载通信终端规范标准，明确终端功能和性能要求。中国信通院联合产业链上下游、产学研用各方力量，开展面向远程遥控驾驶、自动驾驶等应用需求的车载终端技术规范制定，推进创新技术成果向标准转化。另一方面，产业界通过建立终端性能测试评估方案与工具，实际验证业务环境下的通信性能。创远信科等通信仪表厂商提供外场环境下的 5G 车载终端测试方案，支持高通、海思、晨芯、联发科等多种芯片平台，已面向多家车载终端厂商，在北京、厦门、上海多地开展性能测试。该方案通过被测件［远程信息处理器 T-Box/ 车载单元（OBU）］、对比件（商用手机）和真值（由频率特性测试仪测出）联合测试，提供网络覆盖、网络接入 / 驻留、移动性能、文件传输协议（FTP）上行 / 下行业务等测试功能，验证不同车载终端的蜂窝网络通信能力。进一步地，产业界需要建立行业终端高尘、高温、高湿等环境下的标准要求，通过检测认证等方式确保终端在各种环境下的通信功能和性能满足相关行业发展的需求。

（2）网络性能增强关键技术

为支持远程遥控驾驶等应用，车端采集的视频数据需要通过 5G 网络回传到遥控驾驶平台，这对当前 5G 现网的传输能力提出挑战。此外，遥控平台需要向车端下发驾驶建议、遥控驾驶指令等信息，用于保障车辆的安全行驶和龙门吊等作业工具的正常使用，这对 5G 网络提出了严格的性能要求。例如，《基于 5G 的远程遥控驾驶信息交互系统 总体技术要求》（YD/T 4778—2024）提出了应用层下行 20ms 传输时延，网络层 99.999% 可靠性的要求。

面向上行大带宽传输需求，当前已有多种关键技术方案，包括高低频协同组网、特殊时隙配比、补充上行等。其中，高低频协同组网支持进行业务分流，低频段可快速实现大片区域连续覆盖，普通业务可分配到该频段；中高频进行热点容量提升，满足高带宽业务需求。特殊时隙配比通过引入新的时隙配比 2：3 可进行上下行时隙的转换，相较于传统时隙配比 4：1，理论上可达到 2.7 倍的上行容量。补充上行可提供额外的上行可用时频资源，例如，在 C 频带（C-Band）频谱的上行时隙，使用 C 频带频谱进行上行数据发送；在 C 频带频谱的下行时隙，使用空闲的 Sub-3G 频谱补充进行上行数据发送，实现上行数据可以在全时隙发送，从而支持上行大带宽传输。面向下行低时延超可靠，业界已有多种关键技术方案，例如，通过专用数据网名称（DNN）限定接入用户，提高数据可靠性；通过用户面功能下沉、部署多接入边缘计算，采用上行分类器等分流方案，实现数据流不经骨干承载网，在本地完成中转和卸载；采用无线网切片技术，进行无线 5G QoS 标识符预调度或资源块预留，实现低时延、超可靠、大带宽等传输能力；采用承载网切片技术，基于虚拟专用网络 +QoS 和灵活以太网切片，综合承载多类型业务。

当前，相关关键技术已经完成研发与验证，网络设备已实现商用，并已经在港口、园区等小范围特定区域内成熟部署，支撑业务常态化运营。例如，在江村铁路编组站数智化改造中应用 4.9GHz 超级上行增强技术，引入 1D3U 的帧结构，为局部热点区域的监控视频上传等上行业务提供网络支撑，上行峰值速率可达到 800Mbit/s 以上。山东青岛港、龙拱港等多个港口已实现 5G 虚拟专网部署，龙拱港的无人集卡上下行传输双向时延平均值可达 35ms，并实现了港区公网 / 专网数据隔离、生产管理数据不出港区的目标。

（3）业务可靠性提升关键技术

远程遥控驾驶等应用对网络服务提出超可靠性要求，期望获得"全程全网随时能用"的业务保障。然而受信道状态、业务负载等影响，无线通信的性能天然具有随机性与不稳定性，使用单一网络时，其覆盖及业务服务稳定性无法完全保障，可能出现偶发的速率"掉坑"、覆盖"空洞"现象，或者在多业务并发时出现网络资源不足、业务性能下降等问题，对保证全程全网的性能稳定带来一定挑战。对于面向无线通信的多网络冗余备份传输，当前业界已形成相对成熟的两种解决方案。面向港口、园区等封闭区域，单一运营商通过多频段的冗余传输实现备份，保障超可靠网络通信，已开展大量应用实践。中国移动在天津港采用700MHz和2.6GHz双频段进行网络备份，满足无人集卡对网络严苛的服务等级协议要求。中国电信在日照港针对远程遥控场景，通过双发选收技术方案实现港口数据的冗余传输，其中关键远程操控数据以2.1GHz+3.5GHz双频组网冗余传输，降低5G空口丢包率；5G用户驻地设备（CPE）实现数据双发，实现空口稳定传输；UPF实现选收，降低无线数据转发的时延和抖动，并提升可靠性。针对开放道路，通过多运营商网络重复传输相同数据提升可靠性，服务端根据数据包抵达顺序，将数据送达应用端。文远知行在广州开展多运营商网络多发选收解决方案验证，实现多运营商网络切换下的数据稳定传输。

4. 多网络融合与多业务协同技术

多网络融合与多业务协同逐渐形成产业共识。由上海市通信管理局指导，上海移动、中国信通院联合牵头，多家通信设备厂商、自动驾驶解决方案商、车企等多家单位共同编制的《支持高级别自动驾驶的5G网络规划建设和验收要求》和《支持高级别自动驾驶的5G网络性能要求》两项团体标准正式发布，针对高级别自动驾驶的网络需求，分析不同业务场景和基本应用之间的对应关系，提出满足应用需求的网络的性能要求，并提出5G网络的规划建设和验收标准，确保网络质量满足自动驾驶智能网联汽车不同业务场景对于通信系统的性能需求。IMT-2020(5G) 推进组 C-V2X 工作组开展 LTE-V2X 与 5G 网络跨网业务协同信息交互关键技术研究，支持面向多源数据的多模通信连接，从而能够可靠地、大范围地向更广泛的车联网终端/VRU 终端发送车联网业务数据或者收集感知数据，扩大车联网业务的应用范围。高级别自动驾驶网络架构如图 6-2 所示。

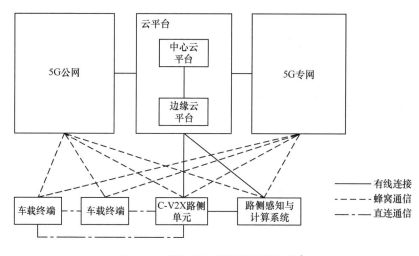

图 6-2　高级别自动驾驶网络架构 [1]

（二）标准化现状

国际标准组织 3GPP 定义了基于 LTE 移动通信技术演进形成的 LTE-V2X、基于 5G NR 移动通信技术演进形成的 NR-V2X 和 5G 蜂窝网络标准化技术。LTE-V2X 于 2017 年 3 月完成标准化，引入了工作在 5.9GHz 频段的直通链路（PC5 接口）通信方式。2020 年 7 月，3GPP 宣布 Release 16 NR-V2X 版本冻结，引入了单播和组播模式、混合自动重传请求（HARQ）反馈、信道状态信息（CSI）测量上报、NR/LTE 基站调度 LTE-V2X/

1　来源：《支持高级别自动驾驶的 5G 网络性能要求》（T/SHV2X 2—2023）。

NR-V2X 资源、NR-V2X 与 LTE-V2X 共存等新技术特性，支持高阶调制和空间复用并优化了资源选择机制。3GPP 于 2022 年第 3 季度启动 Releas 17 相关的标准化工作，进一步优化功率控制、资源调度等相关技术，并于 2023 年完成版本冻结。

在国家车联网产业发展专项委员会指导下，全国汽车标准化技术委员会、全国智能运输系统标准化技术委员会、全国通信标准化技术委员会、全国道路交通管理标准化技术委员会，聚焦 C-V2X 领域，加快开展急需、重要标准制定。全国通信标准化技术委员会基本完成了 LTE-V2X 总体架构、空中接口、网络层、消息层、通信安全等基础支撑和互联互通相关技术标准和测试规范的制定。全国汽车标准化技术委员会、全国智能运输系统标准化技术委员会和全国道路交通管理标准化技术委员会正在分别制定 LTE-V2X 相关应用标准，促进 LTE-V2X 技术在汽车驾驶服务、交通基础设施以及交通管理方面的实际应用。

目前业界围绕 5G 远程遥控驾驶积极开展研究和试验工作，工况环境实现从特殊工况环境的封闭区域到人车混行的公开道路的覆盖。在矿山、港口等特殊工况环境下，5G 远程遥控驾驶有效减少了特殊工况下的安全隐患，保障了生产安全并提升了工作效率；在园区、城市道路环境下，5G 远程遥控驾驶可以在探查到驾驶存在安全隐患或者即将发生交通事故时，远程紧急接管车辆以避免事故发生或者降低事故的伤害程度，有效提升驾驶的安全性。中国通信标准化协会结合产业发展情况，制定了行业标准《基于 5G 的远程遥控驾驶信息交互系统　总体技术要求》（YD/T 4778—2024），并针对矿山、港口、自动驾驶出租车等多种远程遥控场景，分别研制相关标准，5G 远程遥控场景相关标准如表 6-1 所示。

表 6-1　5G 远程遥控场景相关标准

序号	名称	类别
1	基于5G的远程遥控驾驶 通信系统 总体技术要求	团体标准
2	基于5G的远程遥控驾驶信息交互系统 总体技术要求	行业标准
3	基于5G的远程遥控驾驶信息交互系统 远程遥控泊车技术要求	行业标准
4	基于5G的远程遥控驾驶信息交互系统 城市运营车紧急接管技术要求	行业标准
5	基于5G的远程遥控驾驶信息交互系统 自动驾驶出租车云端控制技术要求	行业标准
6	基于5G的远程遥控驾驶信息交互系统 高速公路车队远程遥控技术要求	行业标准
7	基于5G的远程遥控驾驶信息交互系统 矿山遥控作业技术要求	行业标准
8	基于5G的远程遥控驾驶信息交互系统 物流车遥控驾驶技术要求	行业标准
9	基于5G的远程遥控驾驶信息交互系统 港口遥控作业技术要求	行业标准
10	基于5G的远程遥控驾驶信息交互系统 测试评估方法	行业标准

（三）测试验证情况

1. 5G 网络测试

2023 年，中国联通基于常州 5G 实验网外场基站进行测试，本地部署下沉 UPF 及 V2X 应用服务器，将本地用户分流至该服务器。5G 终端通过基站接入测试环境。测试场景主要包括正常覆盖场景、弱覆盖场景及增强配置场景，测试项目包括传输时延、抖动和可靠性。在该测试中，无论是正常覆盖还是弱覆盖场景，时延表现稳定，且上行时延大于下行时延。通过增强配置，如关闭非连续接收和开启上行智能预调度，能显著降低上行时延。报文大小和发送间隔对时延影响较小，而传输控制协议（TCP）与用户数据报协议（UDP）在时延和抖动上差异不大，但 TCP 更可靠。丢包率受网络覆盖质量影响，但与流量方向和包大小关系不大。测试结果表明，5G 网络能够满足车联网业务需求，并为未来自动驾驶业务提供了优化网络时延和提高可靠性的建议。

同年，中国移动联合华为、中兴等设备商，以及广汽等车企，在无锡、上海、重庆等地验证了不同 5G 网络架构下的车联网信息交互类、协作感知类的驾驶辅助业务（如表 6-2 所示），提供时延、可靠性、速率等通信性能参考指标，为 5G 车联网商用提供数据支撑。在相同的网络架构、频段、覆盖条件、移动性等条件下，不同业务场景的业务性能差异较小，不同信息的数据包大小对时延、可靠性的影响并不明显，5G 网络对小包有相对较好的传输性能。相较于相同速率、相同接收覆盖强度下的时延测试性能，下沉 UPF 架构可降低网络时延。

表 6-2　5G 网络支持车联网业务测试性能[1]

业务	指标要求	通用UPF	下沉UPF
辅助信息交互类	时延：100ms 可靠性：90%	时延：<15ms 可靠性：100%	时延：<10ms 可靠性：100%
协作感知类	时延：50ms 可靠性：99% 速率：15Mbit/s	时延：<20ms 可靠性：100%	时延：<15ms 可靠性：100%
远程遥控驾驶类	上行时延：100ms 可靠性：99% 速率：64Mbit/s	时延：<30ms 可靠性：100%	时延：<25ms 可靠性：100%

注：选取的数据，时延为单向时延，可靠性为测试 1000 个数据包时的收包率。

2024 年，中国信通院联合文远智行、中国移动、中国联通、无锡市车城智联科技等，在无锡市开放道路和 5G 现网环境下，参照通信行业标准《基于 5G 的远程遥控驾驶信息交互系统 总体技术要求》和《基于 5G 的远程遥控驾驶信息交互系统 测试评估方法》，验证了 5G 现网、准入控制增强、网络切片资源预留等不同网络方案，以及对远程遥控驾驶业务性能和功能的支持情况。从测试结果来看，平均移动切换时延超 40ms，在业务应用时

1　来源：中国移动研究院。

需要考虑车辆移动性对于网络传输性能的影响；多业务并发重负载时，网络增强可带来明显提升，此外，通过本地网络分流的方案可明显缩短传输时延。部分测试结果如表 6-3～表 6-5 所示。

表 6-3　车辆移动状态下小区切换时延

切换时延（ms）	平均	最小	最大
空旷城区道路	60	26	97
密集城区道路	42	27	84

表 6-4　多业务并发下不同网络方案的平均往返传输时延

平均业务往返传输时延（ms）	现网	增强网
多用户：A地接入到B地平台	72	50
多用户：A地接入到A地平台	35	23

表 6-5　不同业务分流方案下的平均往返传输时延

平均业务往返传输时延（ms）	空旷城区	密集城区
A地接入到B地平台	53	72
A地接入到A地平台	27	35

2. C-V2X 直连通信大规模测试活动

2020 年 10 月，中国智能网联汽车产业创新联盟、IMT-2020（5G）推进组 C-V2X 工作组、CSAE 等在上海联合开展 2020 智能网联汽车 C-V2X "新四跨"暨大规模先导应用示范活动。活动重点验证 C-V2X 产品和系统在规模化部署下的运行能力，与单纯的验证产品技术指标和特定功能相比，大规模测试高度还原实际交通道路场景和工况，对车联网行业未来面向商业化应用具有现实借鉴意义。

中国信通院联合北京星云互联科技有限公司、上海淞泓智能汽车科技有限公司，在封闭测试场内布设了 180 余台 C-V2X 车载终端和路侧单元，搭建了真实的 C-V2X 规模化应用环境，如图 6-3 所示[1]，实现包含接入层、网络层、消息层、安全层全系中国 C-V2X 标准协议。测试现场模拟真实道路环境下大规模车辆密集通信场景，涉及车与车、车与路、车与人多种场景下的 C-V2X 通信性能测试和功能测试。其中，通信性能测试项目包括在大规模背景车环境下，被测车载终端与背景 OBU 间的通信性能测试、被测车载终端与 RSU 间的通信性能测试和被测车载终端与被测车载终端在多种车辆驾驶场景下的通信性能测试，重点关注通信时延和丢包率指标。功能测试项目包括车－车和车－路通信的安全预警应用，重点关注预警功能实现情况。

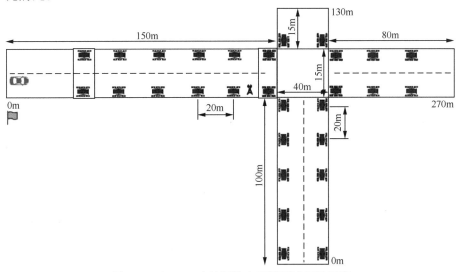

图 6-3　C-V2X 直连通信大规模测试场景示意

（1）直线道路通信性能测试——被测车载终端与背景 OBU 间

测试场景设计被测车辆从 0m 行驶至 270m，共往返 10 次，测试车辆 OBU 与 0m 位置（关键节点 1）、150m 位置（关键节点 2）处 OBU 的通信性能，从测试车进入背景车测试区域开始统计，以测试车与 0m 处背景车之

1　图 6-3～图 6-12 均来自中国信通院。

间的距离划分区间，以 25m 作为间隔，统计区间内的平均接收丢包率和通信时延，图 6-4 和图 6-5 所示为部分测试结果。

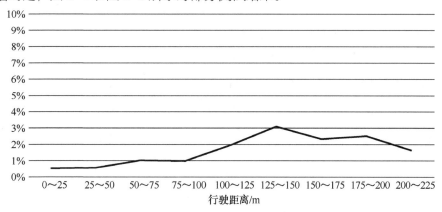

图 6-4　测试车接收关键节点 1 的车辆基本安全消息（BSM）的平均丢包率

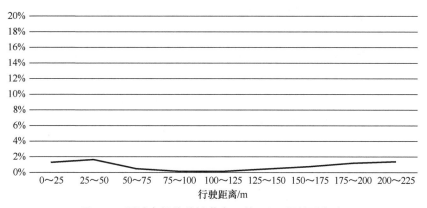

图 6-5　测试车接收关键节点 2 的 BSM 平均丢包率

（2）直线道路通信性能测试——被测车载终端与 RSU 间

测试场景设计被测车辆从 0m 行驶至 270m，共往返 10 次，测试车辆 OBU 与 0m 位置（关键节点 1）、150m 位置（关键节点 2）处 RSU 的通信性能，从测试车进入背景车测试区域开始统计，以测试车与 0m 处背景车之间的距离划分区间，以 25m 作为间隔，统计区间内的平均接收丢包率和通信时延，图 6-6 和图 6-7 所示为部分测试结果。

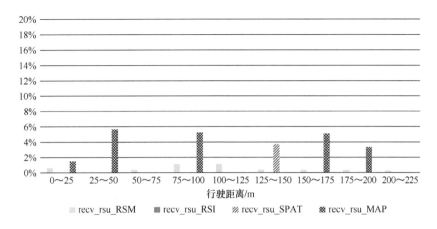

图 6-6 测试车接收 RSU 消息的平均丢包率

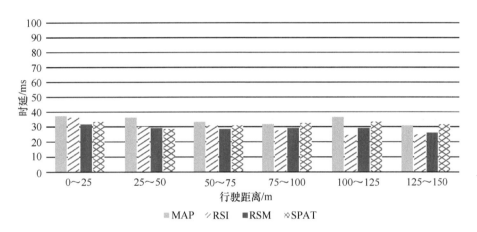

图 6-7 测试车与 RSU 的通信时延

（3）直线道路通信性能测试——被测车载终端之间

测试场景设计两辆被测车辆位于道路两端，以相同速度对向行驶，共往返 10 次。两车相对行驶，以测试车 A 和测试车 B 之间的相对距离划分区间，以 50m 作为间隔，以接收车接收到的包为准，统计区间内的平均接收丢包率和通信时延，图 6-8 和图 6-9 所示为部分测试结果。

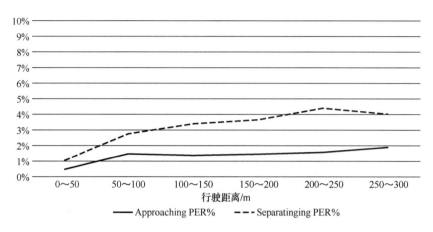

图 6-8　对向行驶时主车接收辅车消息的平均丢包率

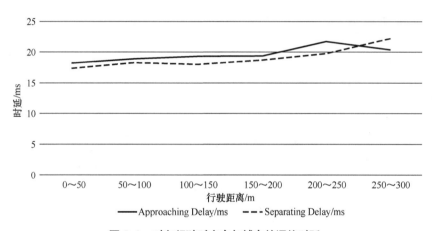

图 6-9　对向行驶时主车与辅车的通信时延

　　在前期技术验证、互联互通验证的基础上，这次大规模场景验证了基于 LTE 的车联网通信技术系列标准能够支撑当前 C-V2X 应用需求，部分测试结果的平均丢包率和通信时延不及预期，亦可能由安全验签能力、运算能力、接收性能等因素导致。本次测试活动是面向规模应用开展的一次关键试验，为 C-V2X 通信设备在大城市、交通密集区域的大规模部署和智慧城市建设中面临的大规模 V2X 通信的实际环境建设提供了重要的依据。经过大规模终端测试系统验证的车企及终端企业可以为将来 V2X 大规模部署后的真实道路环境进行充分的软硬件功能和性能测试与验证。

（四）产业链主体和动态

1.产业链构建情况

我国已建成基于LTE-V2X技术的完备产业链，形成了覆盖芯片模组、终端、整车、安全、测试验证、高精度定位及地图服务等环节的完整链条。

宸芯科技、高通、华为、中信科智联、移远通信、中兴微电子、芯讯通、高新兴等企业提供商用级LTE-V2X直连通信芯片模组，主流芯片/模组厂商也推出5G+LTE-V2X双模版本。

中信科智联、华为、东软、星云互联、万集科技等60余家企业陆续发布车载和路侧设备，并在C-V2X直连通信与ADAS融合方面持续深耕，如中信科智联推出C-V2X融合驾驶域控制器解决方案，支持C-V2X直连通信，可实现车车协同、车路协同，并集成前向视觉处理功能以支持十字路口绿波通行、红绿灯启停、路侧感知融合型自动制动功能等。

中国一汽、上汽、广汽、北汽、长城、蔚来、华人运通、通用、福特、奥迪等10余家车企已在量产车型中应用了具备LTE-V2X、5G功能的车载终端。

电信运营商针对不同的业务需求和网络隔离度，提供了包括QoS、DNN、网络切片、覆盖增强等不同定制化服务能力，以满足不同车联网应用的需求，如中国移动的"优享、专享、尊享"，中国联通提出的5G"虚拟专网、混合专网、独立专网"，以及中国电信的"致远、比邻、如翼"模式。此外，中国移动、中国联通还推出5G车联网质量探针，用于采集车端基础信息、状态指标、性能指标和相关事件数据，为网络质量监测提供实施工具。

中国移动作为 5G 车联网技术的重要推动者，联合 17 家单位发布了 5G 智能网联管理平台、人车家试点方案以及 5D 沉浸式娱乐座舱等创新成果，展现了 5G 车联网技术在智能网联、智能座舱、车路协同等领域的应用潜力。中国联通发布 5G/V2X 智能融合网络、5G 车路协同服务平台、融合感知系统、可信车侧及路侧终端等一系列软硬件产品、算网一体调度底座等创新解决方案，并在北京冬奥会和冬残奥会顺利应用。

2. 产业动态趋势

当前，车联网行业正迎来新的成长机遇，网络与智能网联汽车的融合不断加深，不仅提升了车载通信服务的水平，还为自动驾驶的应用提供了基础。

应用场景差异化布局。5G 与 C-V2X 直连通信协同发展，以互补方式差异化地服务车联网应用，探索"双重保障"方式的车联网应用。IMT-2020(5G) 推进组 C-V2X 工作组等开展了基于 5G 的远程遥控驾驶、面向移动终端的车路协同应用等研究工作。LTE-V2X 直连通信应用场景成为业界共识并得到推广。前向碰撞预警、红绿灯信息提示等第一阶段应用场景已在车端商业化搭载，并与自适应巡航控制（ACC）等驾驶辅助应用实现融合，路侧感知数据共享等第二阶段应用加速研发。中国新车评价规程（C-NCAP）计划于 2025 年将 LTE-V2X 直连通信支持的相应功能纳入五星碰撞路线图。5G 支持的应用实践初具成效。中国移动在重庆、武汉等地，中国联通在京津冀、常州等地验证独立专网、网络切片、QoS、跨域互通等面向车联网应用的 5G 网络关键技术；中国电信天翼交通联合中智行在苏州推出了"轻车熟路"解决方案，通过 5G 专网将高级别全息智能道路信息传输至车端，支持 L4 级别自动驾驶。多车企陆续发布具备 5G 通信能力的智能网联汽车，例如，广汽自主研发的 Aion V 5G 版车型等，旨在增强车内影音娱乐功能和支持 AR / VR 在线视频等高带宽、低时延业务。腾讯、百度等企业竞相布局 5G 车联网，相继推出 5G 远程遥控驾驶应用及面向智能出行的 App、智能后视镜等软硬件产品。此外 5G 赋能港口等封闭、半封闭场景开展网联自动驾驶应用，例如，天津港依托 5G 网络大带宽、低时延、广连接的特性，全方位高清监控港区内的生产业务，实现对岸桥、场桥等港机设备和无人集卡的远程遥控；宁波舟山港也积极打造智慧港口，升级改造的具备 5G 功能的集卡车辆已投入常态化运营。

车联网网络服务能力走向精细化，提供多元化供给能力。包括 LTE-V2X、5G 等车联网无线通信技术可与光纤网络深度融合，形成多网融合的交通信息通信网络，提供广覆盖、低时延、超可靠、大带宽的网络通信服务。龙拱港部署光纤网络作为岸桥远程控制数据传输的传输回路，同时采用 5G 专网进行网络备份；港口内的无人集卡通过 5G 专网实现远程遥控驾驶，依托 LTE-V2X 网络在内外集卡混行的道路上实现碰撞预警等应用。在矿区内，基于 5G 专网的无人矿卡与洒水、维修等保障车辆的调度与管控，以及其他矿卡、电铲等作业车辆基于 LTE-V2X 的局部车车协同作业，已得到较好的推广与应用。

满足面向多种业务场景的差异化网络指标要求，网络部署方案逐渐明晰。针对实时性要求较高的场景，可部署专用 5G 核心网 UPF 进行数据分流，结合上行增强、网络切片等技术提高网络传输能力，并通过边缘云平台等提供基于 5G 的边缘计算基础能力。宝日希勒煤矿建设了全覆盖的 5G 专网，并将系统云智能调度平台部署在边缘，实现车与车、车与路、车与云平台的实时通信连接和信息传输，为承载无人驾驶业务提供基础条件；针对实时性要求较低的场景，可复用已部署的 5G 公网，提供广覆盖服务。

邯郸公交第一条 5G 示范线路搭建了智能交通云平台，依托 5G 公网实现公交车辆可视化监管、大数据运营支持等应用；针对局部热点区域的公交车，可通过 LTE-V2X 直连通信提供低时延、超可靠的信息播发服务。上海洋山深水港智能重卡编队行驶时，车与车之间通过 LTE-V2X 直连通信实现跟随。

（五）问题与挑战

在技术发展与应用周期方面，由于无线通信技术的演进节奏明显快于垂直行业的部署应用，例如，NR-V2X 与 LTE-V2X 两代技术的时间间隔仅为 5 年，而汽车行业新技术研发周期至少为 3~5 年，交通、住建等传统行业新技术试验与应用周期通常超过 10 年，汽车、交通运输行业表示出对各自行业的产品或系统跟不上信息通信行业的技术演进迭代周期的担忧，认为这不利于新技术的应用推广。

在技术路线选择方面，面向智能网联汽车应用的信息通信技术呈现多样化特征，不同技术特性和应用场景的匹配成为跨行业融合的关键挑战。当前蜂窝网络提供 4G、5G eMBB（5G 增强移动宽带）、5G RedCap（5G 轻量化）、5G-A 等不同技术能力，C-V2X 直连通信网络也具备 LTE-V2X 直连通信和 NR-V2X 直连通信两种不同能力，若缺乏统一共识，可能出现车企与通信企业各自选择不同技术路线的情况，进而导致网络能力与汽车需求不匹配、产业链适配情况不良、经济性与技术性能不平衡等。

在网络基础设施部署与服务方面，C-V2X 直连通信网络基础设施由各个城市（区、县）的车联网投资主体以及高速公路公司等多元化主体负责建设运营，当前仅在部分城市重点区域和重点路段部署 LTE-V2X RSU，多数城市部署规模小于 200 台，尚存在部分地区车端与 LTE-V2X

RSU互联互通难、未连片部署形成规模化服务能力等情况，影响到车联网应用的规模化商用推广。5G网络基础设施由三大运营商建设运营，当前仅在部分区域开展相关网络部署和网络方案调整，以支持小规模的车路云一体化应用的示范验证。如何满足大量低时延超可靠业务传输同时并发、车辆跨区域服务连续性等规模化服务需求，仍有待进一步研究与探索。

小结

当前LTE-V2X技术已经实现快速产业化与商业化应用，我国在芯片、模组、终端等方面形成完整的自主可控的产业链，网联ADAS、功能安全等方面的研究持续深入；5G在上行大带宽、下行低时延超可靠方面的网络需求逐渐清晰，在园区、矿山等半封闭、封闭区域实现应用落地，在城市开放区域开展试验探索；通过多网络协同赋能场景实现也逐渐形成行业共识，网络服务能力不断细化。在车联网网络发展的同时，我们需要看到信息通信行业与汽车、交通行业融合仍面临跨行业技术演进周期协同、技术路线选择匹配、规模化基础设施部署与服务方面的挑战。

第七章

车联网云平台

车联网云平台作为车联网体系架构中的连接交会点、计算核心点、服务输出点，集成了车端、路侧、公共服务信息平台、第三方平台等多方数据，提供车路协同多源数据融合计算分析能力，能够支撑车路协同、驾驶自动化、智能交通管理、智慧出行等各类应用。

（一）技术发展现状及趋势

1. 车联网云平台分类与架构

从建设运营主体来看，车联网云平台可分为 3 类，第一类是车企、出行服务提供商、图商等企业自建的平台，主要提供各类信息服务应用；第二类是以政府为主体建设的监管类行业平台；第三类是伴随车路协同、车路云一体化的发展，由地方平台公司或道路公司投资建设的车联网服务平台，可管理路侧的车联网感知、通信、计算等基础设施，并面向智能网联汽车提供服务。车联网云平台的分类如图 7-1 所示，在车联网云平台的分类中，车联网服务平台一方面要接入各类路侧设备和车载终端，另一方面要与行业监管平台、企业自建平台进行数据互通、业务联动，是各类平台中唯一跨行业、跨主体、综合性服务平台，导致其在平台架构、功能性能等方面衍生出一系列关键问题，自然而然成为产业研究和关注的重点，本章针对车联网服务平台进行重点介绍和说明。

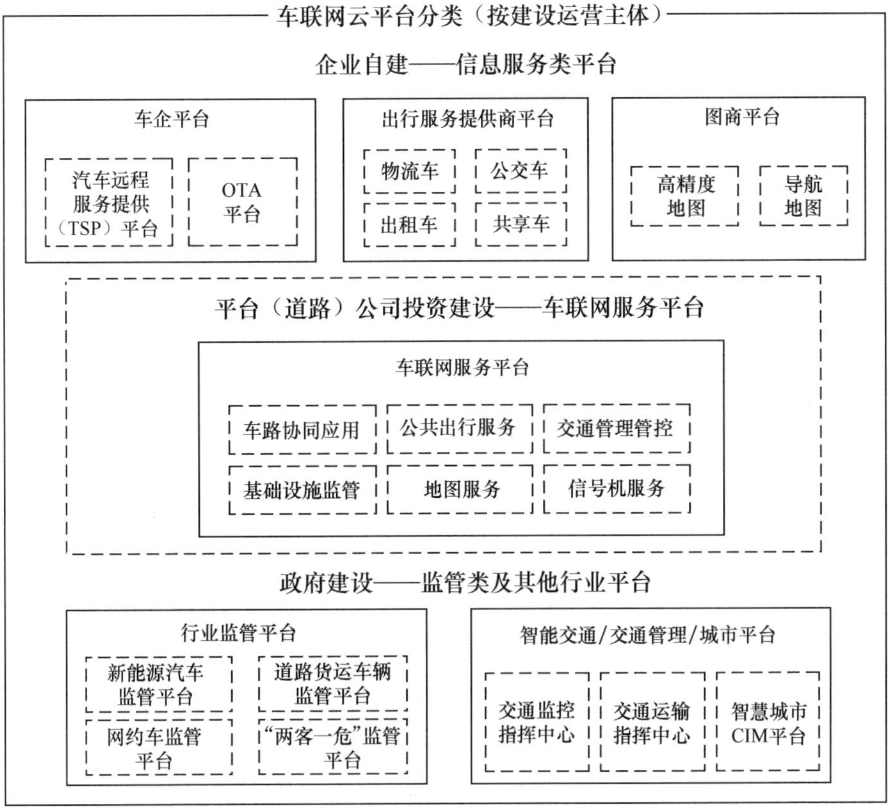

图 7-1　车联网云平台的分类

车联网服务平台支持应用场景类型纷繁复杂，既包含面向个人用户的智能化、网联化智能出行信息类服务，又包含面向行业用户的辅助生产运行效率类服务，以及面向政府用户的交通治理、交通管理类服务，不同类型的应用对实时性、计算复杂度、服务覆盖范围的要求不尽相同。例如，以协作式匝道汇入汇出、十字交叉路口预警为代表的驾驶辅助类应用和网联自动驾驶类应用是在路口级范围实现的实时性应用；以区域路径优化、公交优先通行、紧急车辆提醒为代表的区域公共交通信息服务是弱实时应用；以动态车道管理、潮汐车道调度为代表的交通调度类应用和以路况监控、车辆监管为代表的交通管理类应用是广域分析决策的应用。在应用需求的牵引下，车联网服务平台的解决方案不断收敛，其在车联网系统中的定位逐步清晰，即应按"边缘－区域－中心"对平台实体和业务支持进行分级，形成多级多业务的总体架构。

具体来说，如图 7-2 所示，左侧是车联网系统架构示意，图中展示了车联网信息服务平台"多级"的理念，即车联网信息服务平台可分为边缘平台、区域平台、中心平台 3 个层级，每个层级都是一个完整的云平台，按照云计算常用术语来说，即包括 IaaS（基础设施即服务）、PaaS（平台即服务）、SaaS（软件即服务）；层级与层级之间可以进行数据交互和业务调度；每个层级也都可以和企业自建、政府建设的第三方平台进行数据互通和业务联动。

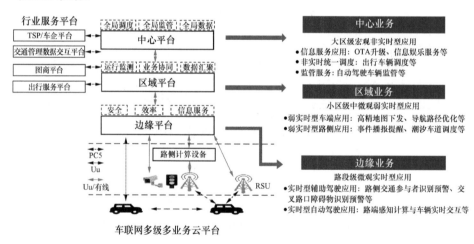

图 7-2　车联网多级多业务云平台架构

从实体部署的角度来看，边缘平台通常构筑在边缘机房，提供路口级小范围的高性能服务；区域平台部署在边缘平台之上，可与一个或多个边缘平台联动，提供更大覆盖范围的区域级交通服务，实现更上层、更全局的用户管理、数据汇聚和业务调度；中心平台部署在区域平台之上，作为业务应用顶层，提供广域级宏观交通服务。

图7-2右侧是车联网典型业务的分层，如前文所述，不同车联网业务对于平台时延、算力、覆盖范围的需求存在明显差异，具体如下。

（1）将路段级微观实时型应用归为边缘业务，如路侧交通参与者识别预警、交叉路口障碍物识别预警等实时型辅助驾驶应用，或路端感知计算与车辆实时交互等实时型自动驾驶应用，其对平台的需求是原始数据的融合处理、实时应用。

（2）将小区级中微观弱实时型应用归为区域业务，如高精地图下发、导航路径优化、事件播报提醒、潮汐车道调度等弱实时型应用，其对平台的需求是区域数据汇聚与分析、跨域业务协同。

（3）将大区级宏观非实时型应用归为中心业务，如出行车辆调度、OTA升级、信息娱乐服务、自动驾驶车辆监管等，其对平台的需求是数据汇聚能力、宏观数据处理能力、统一调度能力等。

在"平台能力需要匹配业务需求"的指导思想下，建议平台实体部署的分级可以和业务的分级匹配起来，这在实践中并不是强制要求，一些区域甚至边缘平台，以实验验证的性质去承载某个宏观的中心业务，也有一些中心平台，通过加强算力、定制网络专线等方式提升性能，从而达到可以承载边缘业务的能力。但平台和业务的分级匹配，通常是资源利用效率（性价比）更高的部署方案。

目前，我国多个城市和高速公路已根据各自实际业务需求，开展多级多业务平台的落地建设，呈现出"边缘－区域""区域－中心""边缘－区域－中心"等多种灵活部署方案。

（1）城市部署案例——无锡市建设车联网平台

该案例规划了"区域－中心"两级平台。其中中心平台是市级平台，主要承载全局业务服务、基础设施监测和数据统计等功能，并负责与第三方平台对接，提供安全认证服务等；区域平台是区级平台，主要承载各类具体业务，负责路侧数据接入和管理，并从中心平台获取第三方数据。

（2）城市部署案例——京津冀协同的车联网平台

该案例规划建设了"边缘－区域－中心"3级平台。其中中心平台部署在城市群运营中心，主要实现综合调控与全局分析；区域平台部署在城市调度中心，负责数据汇聚和管理、城市内综合调度、与第三方平台对接等功能；边缘平台部署在场景服务范围附近，实现道路多源数据统一接入、感知融合与分发，服务智能网联汽车或终端用户，提供低时延的应用场景。此外，部分城市由于当前建设规模较小，初期会以建设"边缘－区域"两级平台，以构建较为全面的平台业务服务能力为目标，将实时业务部署在边缘平台，弱实时、非实时业务部署在区域平台。

（3）高速部署案例——工业和信息化部"车联网先导应用环境构建及场景测试验证平台建设项目"

该案例规划建设了"区域－中心"两级平台。其中京沪高速京津塘路段、山东路段、江苏路段为区域平台，负责全路段路网运行状况监测与精准调度，部平台为中心平台，负责全线交通运行监测与指挥管控。

2. 平台核心组件

2023 年 1 月，中国智能网联汽车产业创新联盟指导并发布《车路云一体化系统白皮书》，再次明确了多层级云控平台的"分层解耦、跨域融合"特征，如图 7-3 所示，多层级云控平台包含"1 个云控基础平台 +N 个云控应用平台"，将平台应用与基础功能解耦，在信息域实现跨域互通、融合。

前文已述，车联网云平台可分为多个层级，每个层级从云计算技术视角来说都是一个完整的"云"。多个层级组合在一起,核心组件可概括为:核心服务共性基础能力的 5 类标准件、实现数据采集和标准化转换的 2 个标准化接口及 1 个全流程工具库。

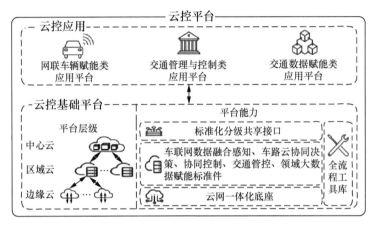

图 7-3 云控平台系统架构

(1)5 类标准件包括车联网数据融合感知、车路云协同决策、协同控制、交通管控及领域大数据赋能的标准件。

(2)2 个标准化接口包括平台与云网一体化底座的标准化接口,即实现平台从车、路端动态采集数据的标准化接口,以及平台对外开放服务的标准化接口,即分级共享接口。

(3)1 个全流程工具库指的是用于支撑云控基础平台的运营、维护与运行安全的工具库。

在"分层解耦、跨域融合"原则的指导下,行业标准《面向 C-V2X 的多接入边缘计算平台技术规范》(YD/T 4477—2023)对云平台基础能力提出了设备接入、数据分析、事件处理、服务能力开放的分层级能力要求。其中数据分析、事件处理包含了 5 类标准件的功能;设备接入和服务能力开放分别对应了平台与云网一体化底座的标准化接口、平台对外开放服务的标准化接口。

近年来各地投建的车联网云平台通常会分期迭代建设，以业务最小级为单位进行云平台功能的拆解和部署，有利于服务可迭代、可升级，系统可维护、可扩展。北京、重庆等地开展云平台基础功能与应用解耦等相关技术验证。天津、柳州、成都等地建设标准化的南向设备接入层接口组件，验证了平台与云网一体化底座的标准化接口，实现跨厂家设备的规模化接入和统一运维。云控智行、腾讯、百度等云平台技术服务商围绕数据分析、事件处理研发了大数据引擎、感知融合引擎、车路协同引擎、AI大模型引擎、仿真测试引擎等模块化产品，面向汽车、交通等行业按需提供灵活的引擎组合服务，基本覆盖5类标准件。但目前单一企业的引擎产品存在粘连度较高现象，不同厂家之间引擎产品的协同耦合仍有待于突破。腾讯、百度、阿里等企业发布面向网联开放服务的接口产品，实现了平台对外开放服务的标准化接口，形成适配不同应用服务的北向数据共享能力。

3."平台＋边缘计算"技术

边缘计算技术的目的是将云平台从核心网（或城域网）迁移到网络边缘，具备网络分流、计算、存储等特色功能，可提供低时延、无拥塞的网络服务。云厂商、电信运营商、城市平台公司在建设基于边缘计算的云平台方面开展了许多基础性工作。部分城市已部署本地数据中心，云厂商和电信运营商可基于公有云、私有云或混合云提供较为成熟的边缘计算平台基础资源，具备GPU、CPU、存储等多种算力类型。

需要说明的是，边缘计算平台中的"边缘"，是一个和"中心计算"相对的概念，所有迁移到网络边缘的平台都可以称为"边缘计算平台"，它并没有一个严格的性能或功能指标定义。边缘计算平台可承载车联网云平台分层中的边缘平台、区域平台。但边缘计算平台的部署方案以及其与边缘平台、区域平台的匹配关系需根据边缘和区域业务的时延、算力等性能需求，以及实际网络部署情况来进行综合设计：

（1）当边缘计算平台下沉至基站侧时，网络传输时延最低可达到5ms以内，但覆盖范围有限，单用户成本较高；

（2）当下沉至区县级、部署在接入环时，网络传输时延为20ms，覆盖范围有提升，部署成本仍相对较高；

（3）当部署在地市级、位于汇聚环和传输核心层时，网络传输时延为30～40ms，但覆盖用户数较多，成本较低。

目前在多地方实践中，电信运营商的边缘计算平台在主要地市已基本实现覆盖，在区县可进一步灵活下沉部署，并可实现不同用户间安全隔离，可满足等级保护二级以上的安全保障，支持负载均衡和资源管理等基础功能，并具备设备管理维护、状态监测等运维功能，能较好承载边缘平台、区域平台的部署。

与此同时，车联网云平台对算力与网络的协同也提出一定要求，主要是对边端协同计算、同级算力互联两类场景提出的要求。

（1）边端协同计算。边缘计算平台需要与路侧、车载计算设备形成算力联动，统筹算力和网络资源分配与业务实时性、服务范围的需求，重点缓解路端、车端的计算与存储压力。

（2）同级算力互联。考虑到边缘计算平台覆盖范围有限，多个边缘计算平台间数据互通、算力调度或共享的需求日益提升，需要同层级算力设施联通、资源按需编排等关键技术实现算网资源的统一管理和面向业务的资源智能调度。

当前，电信运营商依托其在5G网络以及边缘计算平台方面的资源优势，面向车联网业务开展算网协同能力研究与验证，推动边端、同级算力协同。例如，联通智网科技构建"京津冀"跨地市平台互联的环境，利用多平台分发技术实现对北京亦庄、天津海河教育园区、雄安新区等不同城市或地区的边缘、区域应用编排和快速部署。《中国移动车路协同算力网络白皮书（2023）》发布，深入分析车联网实时、准实时、非实时场景下边缘计算平台的算网协同机制，并面向量产车辅助驾驶、高级别自动驾驶等典型场景开展技术验证。

总体来说，边缘计算平台在车联网云平台体系中的应用已经相对成熟，但算网协同技术仍处于技术验证阶段。建议可在实际建设中，考虑使用电信运营商提供的边缘计算平台和算网融合服务来承载边缘平台和区域平台，以更好地利用电信运营商在算网资源实时感知、边缘计算资源编排调度、多级或多地算力互联互通等各方面的技术优势，同时更好地确保边缘计算平台的 5G 网络出口带宽应满足接入车辆数据的车云交互需求、有线网络出口带宽应满足路侧设备汇聚后的接入需求，并支持算网资源实时感知及算力资源的编排调度，匹配不同计算场景对带宽、时延、算力等的需求。

4. 平台跨域协同技术

当前国际、国内关于车联网跨域协同技术的关注点略有差异。以欧美为例，其平台建设主体较为分散，包括运营商、主机厂、服务商等，重点关注多角色之间的互联互通问题；国内建设主体基本明确，在统筹、规模化建设模式背景下，重点关注平台架构的数据跨域和跨地域平台的业务连续。

国际方面，欧美普遍存在单个运营商无法提供城市内或跨城间的 MEC 服务全覆盖情况，且具有跨境服务需求，存在服务异构性，为此，5G 汽车联盟、欧洲电信标准组织（ETSI）等重点围绕图 7-4 所示的多移动网络运营商（MNO）、多 MEC 和多原始设备制造商（OEM）环境下的车联网互联互操作性开展技术研究，包括跨域迁移场景、跨域接口标准、网络域和应用域跨域解决方案等。目前，意大利、德国、美国等多国的运营商、汽车制造商和技术提供商公司等陆续围绕弱势交通参与者预警、碰撞预警、绿波通行等应用的多 MNO、多 MEC、多 OEM 场景开展互联互通试验验证。

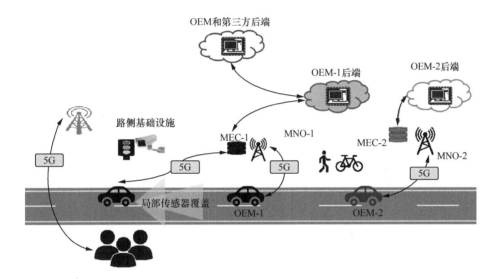

图 7-4　多 MNO、多 MEC、多 OEM 环境示意

国内方面，基于我国单个电信运营商的 MEC 服务普遍可实现全覆盖的背景，网络互联互通技术标准工作组开展面向车联网的 MEC 平台间跨域协同技术研究，重点围绕基于 MEC 的车联网应用的业务连续性、交互迁移流程和上下文规范等。

（1）由于我国当前电信运营商的 MEC 主要是服务全覆盖的建设模式，即对于车联网应用来说，单个用户通常可在同一地区或跨不同地区接受由同一家服务商提供的 MEC 服务，因此，目前车联网应用对于国内 MEC 跨运营商服务的需求暂不强烈。

（2）同一运营商环境下的跨域场景可分为仅迁移车端用户身份标识、同时迁移车端用户身份标识和车端业务数据两种场景。其中，仅迁移车端用户身份标识的车联网应用通常是通过 Uu 蜂窝网形式提供车辆安全、效率、信息服务类应用，虽然其 MEC 覆盖区域范围内服务可闭环，但时延要求高，因此，为避免车端用户切换时进行重新认证，需根据用户路径规划结果提前预测下一个服务的 MEC 平台，并将车端用户的身份标识从当前服务的 MEC 平台，可通过 MEC 平台之间的直接互通技术，快速同步至下一个服务的 MEC 平台。对于同时迁移车端用户身份标识和车端业务数据的车联网应用，大多数是行驶路径经过了多个 MEC 平台服务区域的路径规划类场景，或者需要根据非当前 MEC 平台服务区域的信息实时调整车辆运行状态的弱 / 非实时性场景。对于此类场景，由于可能同步的车端业务数据量相对较大，可通过中心云转发或调度，实现不同 MEC 平台间的数据交互。

在实践中，中国移动打造了长三角跨域车路协同交通信号服务系统，通过打通用户在无锡、德清、上海的认证鉴权，实现交通信号类应用的跨域服务。

（二）标准化现状

1. 国际标准进展情况

国际方面，ETSI、3GPP 等重点关注面向 C-V2X 的 MEC 总体架构、接口规范、部署方式等。ETSI GS MEC 003 在 MEC 架构中新增 V2X 信息服务（VIS），如图 7-5 所示，通过定义蜂窝移动通信网络收集的 V2X 通信相关信息，使 MEC 应用能够与 V2X 通信相关的 3GPP 网络功能进行安全通信。ETSI GS MEC 035 将面向多运营商的 V2X 跨域服务作为重点研究场景，解决车联网业务中由于车辆快速移动带来的连续性问题。ETSI 和

3GPP 联合启动了 MEC 与 5G 融合部署方案的研究，探讨各类 MEC 部署方式，并给出了 MEC 部署的多种参考方式，发布了白皮书《MEC in 5G networks》。ETSI 与车联网云平台相关的部分技术规范如表 7-1 所示。

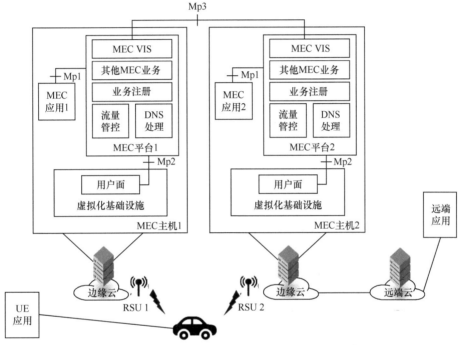

图 7-5 ETSI 定义的面向 C-V2X 的 MEC 架构[1]

表 7-1 ETSI 与车联网云平台相关的部分技术规范

分类	规范名称
通用规范	ETSI GS MEC 001 Terminology（术语）
	ETSI GS MEC 002 Use Cases and Requirements（应用场景与需求）
	ETSI GS MEC 003 Framework and Reference Architecture（系统参考架构）
	ETSI GS MEC 005 Proof of Concept Framework（验证环境）
	ETSI GS MEC 009 General principles，patterns and common aspects of MEC Service APIs（通用原则、模型、共性MEC服务API）

---

1 来源：ETSI "Multi-access Edge Computing (MEC);V2X Information Service API, GS MEC 030, V2.1.1"。

分类	规范名称
IaaS层管理API	ETSI GS MEC 010-1 MEC Management Part 1: System, host and platform management（MEC管理 第一部分：系统、主机和平台管理）
	ETSI GS MEC 010-1 MEC Management Part 2: Application lifecycle, rules and requirements management（MEC管理 第二部分：应用的生命周期、规则和需求管理）
	ETSI GS MEC 016 Device application interface（终端应用接口）
PaaS层服务	ETSI GS MEC 011 Edge Platform Application Enablement（边缘应用的使能）
	ETSI GS MEC 021 Application Mobility Service API（应用移动性服务API）
	ETSI GS MEC 030 V2X Information Service API（车联网信息服务API）
	ETSI GS MEC 045 QoS Measurement API（QoS测量API）
	ETSI GS MEC 046 Sensor-sharing API（感知共享API）
多级协同、算网协同	ETSI GR MEC 031 MEC 5G Integration（MEC与5G集成，研究报告）
	ETSI GR MEC 035 Study on Inter-MEC systems and MEC-Cloud systems coordination（跨MEC及边云协同研究，研究报告）
	ETSI GS MEC 040 Federation enablement APIs（MEC联邦使能API）

2. 国内标准情况

CCSA、CSAE、C-ITS 等重点从 MEC 与 C-V2X 融合、车路云一体化角度，围绕平台系统架构及功能性能、接口和数据规范等开展了相关标准化工作。其中 CCSA 车联网云平台标准范围示意如图 7-6 所示。

系统架构及功能性能方面，平台服务规模化、跨地区服务连续、互等的能力需求决定了平台需要在总体架构、业务和管理基础功能上保持一致，因此具有相关标准化需求。目前，CCSA 已针对平台在设备、数据、事件、服务、安全等方面的服务能力，以及对 RSU、路侧感知设备、路侧计算设备的运维管理能力提出相关架构和技术的标准化要求。CSAE 制定车路云一体化系统系列标准，规定了云控基础平台架构、功能要求。

接口和数据规范方面，车联网云平台多级多业务系统架构决定了平台存在各个方向的数据接口，建设平台标准化接口，是实现设备互联互通、形成统一规模管理、创建各类车联网应用的关键核心基础。

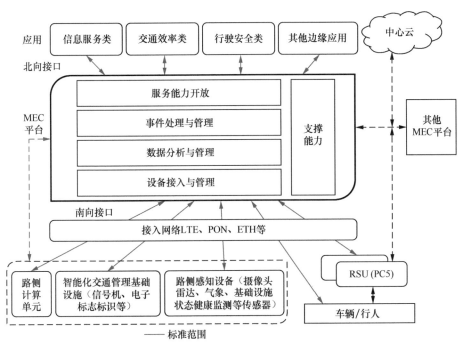

图7-6 CCSA车联网云平台标准范围示意

其中，南向接口主要是平台与路侧感知设备、路侧计算单元及通信设备之间的接口，用于接入各类路侧设备及相应的业务数据，该接口的标准化需求相对较高。目前该接口的通信协议、业务数据、运维管理数据均已实现较为完备的标准 规范，相关工作主要在CCSA、CSAE等开展。目前，北京、天津、柳州等地已建设标准化的接口服务环境，用于实现跨厂家设备的规模化接入和统一运营运维。

北向接口主要是平台为外部业务提供服务能力的接口，该接口存在一定标准化需求，但仍在探索和推进中。CCSA编制了《面向C-V2X的多接入边缘计算服务能力开放和接口技术要求（第一阶段）》，定义了平台北向开放的数据集，但目前平台对外服务的业务类型和接口形式差异化较大，仍有待于在平台架构上进一步明确、业务服务上进一步清晰后进行标准化。

东西向接口主要是规范平台横向数据交互和业务迁移的接口，该接口的标准化需求尚不清晰，仍有待于探讨。

CCSA 制定的车联网云平台相关标准如表 7-2 所示。

表 7-2　CCSA 制定的车联网云平台相关标准

序号	范围	名称
1	总体规范	面向 LTE-V2X 的多接入边缘计算总体需求和业务架构（YD/T 4358—2023）
		面向 C-V2X 的多接入边缘计算平台技术规范（YD/T 4477—2023）
2	路云业务接口	车联网平台与路侧设备　数据接口通信协议要求（T/CCSA 455—2023）
		车联网平台与路侧设备　数据接口通信协议测试方法（T/CCSA 541—2024）
3	路云运维接口与功能	车路协同　路侧通信设备（RSU）运维管理平台技术要求（T/CCSA 456—2023）
		车路协同　路侧通信设备（RSU）运维管理平台测试方法（T/CCSA 544—2024）
		车路协同　路侧感知与计算设备运维管理平台技术要求（T/CCSA 542—2024）
		车路协同　路侧感知与计算设备运维管理平台测试方法（T/CCSA 543—2024）
4	服务开放	面向 C-V2X 的多接入边缘计算服务能力开放和接口技术要求（第一阶段）（YD/T 4359—2023）

CSAE 也围绕车路云一体化系统的系统组成、数据交互、平台服务、安全测试要求等开展标准化制定工作，其中《车路云一体化系统　第 1 部分：系统组成及基础平台架构》（T/CSAE 295.1—2023）围绕云控系统组成、特征及云控基础平台架构、核心功能要求进行规范。《车路云一体化系统　第 2 部分：车云数据交互规范》（T/CSAE 295.2—2023）以及《车路云一体化系

统 第 3 部分：路云数据交互规范》（T/CSAE 295.3-2023）分别对车 - 云、路 - 云之间的数据交互进行规范。《车路云一体化系统 第 5 部分：平台服务场景规范》（T/CSAE 295.5-2023）对云控基础平台服务场景进行规范。

（三）测试验证情况

为促进车联网多层级云平台以及部署在云平台上的应用功能的产品研发、应用部署，基于已开展的标准化工作成果，以中国信通院为代表的检测机构建立了一系列测试能力，包括接口一致性、基础服务、运维管理等能力。

在接口一致性方面，依据标准《车联网平台与路侧设备 数据接口通信协议要求》（T/CCSA 455-2023）、《车路协同 路侧通信设备（RSU）运维管理平台技术要求》（运维管理数据接口部分）（T/CCSA 456-2023）、《车路协同 路侧感知与计算设备运维管理平台技术要求》（运维管理数据接口部分）（T/CCSA 542-2024），构建并开发车联网路侧设备与云平台间标准一致性测试工具，包括车联网路侧设备到云平台的业务数据接口和运维管理数据接口两方面。

在基础服务能力方面，依据标准《面向 C-V2X 的多接入边缘计算平台技术规范》（YD/T 4477—2023）等可提供平台的技术和应用水平检测。

在运维管理能力方面，依据标准《车路协同 路侧通信设备（RSU）运维管理平台技术要求》（T/CCSA 456-2023）、《车路协同 路侧感知与计算设备运维管理平台技术要求》（T/CCSA 542-2024）等，可开展平台跨厂家、多类型设备统一运维能力检测。

具体来说，在接口一致性方面，开发了路侧设备与车联网平台间数据接口测试工具（这里以 RSU 为例，也可以是路侧感知与计算设备等），此工具是一个测试车联网云平台与RSU之间通信协议和数据传输内容的软件。在测试云平台与RSU的数据接口一致性时，测试工具模拟车联网平台接入消息队列遥测传输（MQTT）服务器中，接收RSU即时上报的数据，验证数据合法性。通过控制中间件设备OBU发送BSM，RSU接收到BSM后将数据上报给测试工具验证数据合法性及准确性。通过测试工具向RSU下发配置，由控制中间件设备OBU接收RSU的广播数据，验证RSU播发数据合法性及准确性。在测试车联网平台数据接口一致性时，测试工具模拟RSU接入MQTT服务器中，接收车联网平台下发的配置数据和响应消息，验证车联网平台是否能正确识别和发送消息。测试工具运行在个人计算机（PC）主机和中间件OBU上，PC主机可以通过以太网/无线网络接入MQTT服务器、中间件OBU可以通过无线网络与PC主机进行通信，并通过LTE-V2X与RSU进行信息交互。车联网云平台与RSU间数据接口测试示意如图7-7所示。

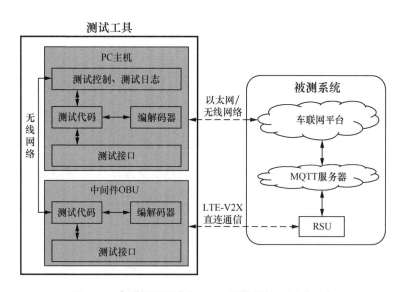

图7-7　车联网云平台与RSU间数据接口测试示意

根据标准《车联网平台与路侧设备 数据接口通信协议要求》(T/CCSA 455—2023),验证车联网平台与RSU之间通信协议和数据传输内容的一致性,测试项目如表7-3所示。江苏无锡、天津西青、广西柳州、四川成都等地建设的车联网云平台,均由中国信通院配合平台投资建设单位完成此类平台接口一致性的测试验证,有关实践经验也通过平台开发商或集成商(如腾讯、天安智联、星云互联等)或RSU设备商(如中信科智联、星云互联、华路易云等),向国内其他地方进行复制和推广。

表7-3 车联网云平台与RSU间接口一致性测试项目

序号		测试项目
1	车联网平台响应信息接口测试	RSU上报信息响应测试
2		地图消息(MAP消息)数据上报响应测试
3		路侧单元信息(RSI)数据上报响应测试
4		RSU基本信息上报响应验证
5		RSU运行状态信息上报响应测试
6	车联网平台下发配置接口测试	RSU业务配置下发测试
7		地图消息(MAP消息)下发测试
8		路侧单元信息(RSI)下发测试
9		路侧安全消息(RSM)下发测试
10		信号灯相位和配时消息(SPAT消息)下发测试
11	运维管理功能接口测试	RSU日志上报配置测试
12		OTA消息下发测试
13		运维管理配置信息下发测试
14		查询信息下发测试

在基础服务能力和运维管理能力方面,车联网云平台主要可依据《面向C-V2X的多接入边缘计算平台技术规范》(YD/T 4477-2023)等标准进行功能符合性查验和性能评估,其测试验证项目如表7-4所示,共27项。

表 7-4　车联网云平台的功能符合性查验和性能评估的测试验证项目

序号		测试项目
1	设备接入与管理测试	C-V2X RSU接入功能测试
2		C-V2X RSU管理功能测试
3		路侧计算单元接入功能测试
4		路侧计算单元管理功能测试
5		毫米波雷达接入功能测试
6		毫米波雷达管理功能测试
7		激光雷达接入功能测试
8		激光雷达管理功能测试
9		视频摄像头接入功能测试
10	设备接入与管理测试	视频摄像头管理功能测试
11		接入网络带宽测试
12		C-V2X业务终端接入功能测试
13		C-V2X业务终端管理功能测试
14		C-V2X业务终端接入能力测试
15	数据分析与管理测试	可支持的数据类型测试
16		数据操作能力测试
17		数据分析处理能力测试
18		数据使用能力测试
19	事件处理与管理能力	可支持的事件类型测试
20		事件操作能力测试
21		事件处理能力测试
22	平台支撑能力测试	边缘应用管理功能测试
23		资源动态分配功能测试
24		安全功能测试
25		业务监测能力测试
26	平台性能测试	存储性能测试
27		稳定性测试

通过基础服务能力和运维管理能力的测试验证项目，车联网云平台可

有效帮助平台开发或集成的企业客观评估或提升自身产品的技术和应用水平，整合平台跨厂家、多类型设备统一运维能力。前期，中国信通院已完成对中国移动、联通智网、天翼交通等电信运营商，天安智联、星云互联、易华录等平台集成商，以及腾讯、华为等平台开发商的测试评估，结果显示，车联网云平台产品不断成熟，核心组件功能标准化趋势明显，且功能性能不断优化，基本满足各类典型应用场景的需求。特别是联通智网研发的"5G车路协同服务平台"和腾讯云研发的"腾讯车路协同平台"，在测试评估的基础上完成了要求更为严格的检测程序，体现了其产品对标准功能和性能的更高要求。

（四）产业链主体和动态

1. 产业链构建情况

车联网云平台供应商主要包括基础云服务供应商、平台开发和集成商、应用服务商等。

基础云服务供应商既包括腾讯、阿里、百度、华为、浪潮、电信运营商等通用云服务提供商，它们提供的基于成熟的公有云服务或者私有云／混合云解决方案，为车联网云平台提供基础的 IaaS、PaaS 底座；又有以电信运营商为主建设，华为、中兴、联想等企业提供核心产品和技术支撑的边缘计算平台，为车联网云平台的边缘平台、区域平台提供基础的 IaaS、PaaS 底座。

平台开发和集成商指具备开发 5 类标准件、2 个接口、1 个全流程工具库中全部或部分组件的能力，且能提供车联网云平台系统集成和交付能力的企业。以云控智行为主的新兴企业在核心组件开发方面积累了深厚的技术实力和交付经验，天安智联、星云互联等企业在各地方车联网先导区、示范区的项目中多次扮演平台集成商角色，海信、易华录等企业依托其在传统智能交通领域开展平台集成工作的经验，积极向车联网平台开发和集成商转型。

应用服务商开发可部署在车联网云平台上的应用服务，如百度、阿里、华为、腾讯等互联网巨头也先后入局，借助互联网用户体量的优势，提供面向个人用户端的车联网安全或效率类应用服务；百度萝卜快跑、小马智行、文远知行等企业开发并提供无人驾驶出租车（Robotaxi）应用服务；主线科技、图森、中科慧拓、希迪智驾、京东、美团等企业面向干线物流、矿区、低速无人配送等特定场景的驾驶自动化开发应用服务。

2. 产业动态趋势

由于车联网跨行业应用特点凸显，车联网平台建设时呈现多主体协作承担的趋势。例如，天安智联、腾讯、华为与天津极客网联合作，在天津（西青）车联网先导区打造车路协同运营支撑"四平台"，包括车路协同基础平台、应用平台、运营平台、引擎平台，以及车路协同运维管理体系和安全保障体系"两体系"，支持与现有交通管理平台进行数据交互，支撑车路协同丰富的应用场景。

此外，产业界已陆续围绕车联网云平台的"多级多业务"系统级解决方案开展了验证，特别是 2019—2023 年，IMT-2020（5G）推进组 C-V2X 工作组组织两批"MEC 与 C-V2X 融合测试床"工作，重点推动形成标准化的、面向多级多业务的、基于边缘计算技术的系统架构与解决方案，验证平台功能与性能、南北向接口技术规范、基于 MEC 的"5G+ 车联网"应用场景，推动生态体系构建。电信运营商、汽车、交通行业企业组队深入实践了边缘平台、区域平台、中心平台不同层级组合的解决方案，打造了覆盖驾车、泊车、出行服务、精准公交、交通治理等特色应用。部分典型实践案例如表 7-5 所示。

表 7-5 MEC 与 C-V2X 融合测试床部分典型实践案例

序号	名称	实践案例
1	常州 MEC 与 C-V2X 融合测试床	构建"5G 边缘+区域"两级平台,搭建 5G 独立实验网,基于 QoS、切片、互联网安全协议(IPSec)等提供低时延、安全可靠、弹性算力网络环境,验证 5G 和 LTE-V2X 双路播发应用服务
2	成都中德智能网联汽车试验场 MEC 与 C-V2X 融合测试床	构建"边缘+区域"两级平台,提供低时延、高识别率、高精度、弹性计算的路口边缘智能集群,丰富试验场运营业务,满足智能网联车辆实际测试需求
3	重庆协创区 MEC 与 C-V2X 融合测试床	通过 MEC 分级、算力调度、云原生部署等,解决端边业务协同调度,提升系统可靠性服务;自研快速标定系统工具,极大地提升了设备标定的精度、效率及安全性;探索纯视觉多源感知融合及感知质量监测相关系统应用
4	甘肃兰州新区&北京昌平 MEC 与 C-V2X 融合测试床	构建"路侧-区域"两级架构,研发路侧操作系统和人工智能平台,实现 MEC 系统、车路协同应用远程升级,打造交通管控、车路协同特色场景服务和测试能力
5	京津冀城市群 MEC 与 C-V2X 融合测试床	打造北京、天津、雄安新区跨省互联三级云架构环境,构建 5G+MEC+C-V2X 融合、"云-边-端"协同的智能算网能力,孵化 100 多个"约车-行车-泊车"智慧全出行服务场景
6	南京江宁开发区江苏软件园 MEC 与 C-V2X 融合测试床	构建"路侧+边缘+区域"三级架构,建成国内首个汽车网联靶场,为测试床各平台提供全方位安全防护,联合多方生态伙伴深耕车路协同和驾驶自动化业务的开发及融合,赋能智能交通、智慧城市
7	南京江心洲 MEC 与 C-V2X 融合测试床	基于 5G 和 LTE-V2X 融合组网架构,构建路侧-边缘-区域多级 MEC 协同的感知计算能力,满足精准公交、驾驶自动化、智能网联等丰富的场景应用,助力江心洲岛多模式出行服务
8	天津(西青)车联网先导区 MEC 与 C-V2X 融合测试床	构建"路侧+边缘+区域"三级架构,实现跨品牌终端互联互通,打造 100 多个车路协同应用场景;基于中心云数据中枢和智能算法引擎开发手机终端 App,实现车路协同应用可触达、用户可感知

在下一步的发展趋势上，预计产业各方会在形成"多级多业务"车联网云平台系统架构的基础上，加速推动重点场景部署，并逐步扩大服务范围，推动跨区域/中心平台互联互通，实现业务的连续性与一致性，推动形成商业化解决方案，最终形成统一的平台体系，提升平台价值。

（五）问题与挑战

当前，各地方以本地国有企业为主体推进车联网平台建设，以促进车联网与智能交通、智慧城市的数据互通业务融合；不一味追求短期收入，优先实现闯红灯预警、绿波通行、交通事件提醒等重点场景提升平台的社会价值；同时积极拥抱电信运营商、交通与汽车行业企业、互联网公司等主体参与平台的联合运营，但平台在体系架构、建设部署、互联互通等方面仍面临挑战。

体系架构方面，虽然目前行业已形成"多级多业务"的平台体系，但平台解耦、分级建设存在实践偏差。一方面，核心组件解耦度不足，数据融合、协同决策等5类标准件模块化程度低，单一厂商引擎产品粘连度较高，跨厂家引擎产品难以集成。另一方面，业务和平台分级匹配尚不明确，部分地区出现业务能力和平台能力不匹配现象。如区域平台虽承载边缘业务，但无法满足边缘业务对性能的要求，或区域平台可承载边缘业务，但仍大规模部署边缘平台等。

平台建设方面缺乏统筹规划。各地方的车联网云平台建设时缺乏统一的顶层规划，且不同省、市，甚至区的车联网平台隶属于不同建设主体，导致部分地区存在重叠建设或分散化、碎片化建设的问题。

平台互联互通仍存在部分机制缺失现象。在跨平台数据互通方面，行业内缺乏平台的同级跨域统一接口规范、统一业务模板，导致跨平台出现数据不互通、业务服务不一致等问题。在跨地域业务连续性方面，由于现有运营商MEC平台迁移机制仅支持单一运营商的域内切换，跨运营商场景会出现业务服务中断问题。

小结

车联网云平台系统具有多级多业务特性，当前产业已形成"边缘－区域－中心"的架构共识，并围绕MEC与C-V2X融合、平台数据跨域共享、同级平台跨域协同、多级平台算网协同、平台功能模块解耦等关键技术及标准规范开展研究与实践，加速推进车联网云平台的技术、解决方案、应用效果不断走向成熟，推进车联网的规模化、商用化应用进程。

▷ 第八章
车联网安全

在汽车智能化、网联化、电动化高速发展的同时，网络安全威胁也不断敲响警钟。大量风险漏洞使攻击者有机可乘，带来了大规模车辆恶意控制等安全风险。在支撑智能网联汽车产业快速发展的同时，全面做好智能网联汽车安全保障工作是重中之重。国家相继发布系列管理规定，明确车联网网络安全、数据安全和个人信息保护要求，相关标准组织发布或正在制定相关标准，产业界组织相关测试活动，测试验证车联网设备、平台安全性。

（一）安全管理体系

车联网安全管理体系是一个综合性的框架，旨在确保车联网系统的网络安全和数据安全。国家先后发布了《中华人民共和国网络安全法》《中华人民共和国数据安全法》《中华人民共和国个人信息保护法》等法律，为车联网安全管理提供了根本遵循。在顶层法律框架下，国家互联网信息办公室、工业和信息化部、交通运输部、公安部、国家发展和改革委员会等部门相继出台一系列部门规章，从车联网网络安全、数据安全和个人信息保护等方面提出具体管理规定，如表8-1所示。

表 8-1　车联网安全管理相关的部门规章

印发部门	部门规章名称	主要内容
工业和信息化部、国家互联网信息办公室、公安部	《网络产品安全漏洞管理规定》	2021年7月12日，工业和信息化部、国家互联网信息办公室、公安部联合发布《网络产品安全漏洞管理规定》，该规定明确了网络产品提供者、网络运营者，以及从事网络产品安全漏洞发现、收集、发布等活动的组织或个人等各类主体的责任和义务；鼓励各类主体发挥各自技术和机制优势开展网络产品安全漏洞发现、收集、发布等相关工作
工业和信息化部	《工业和信息化部关于加强智能网联汽车生产企业及产品准入管理的意见》	2021年8月12日，《工业和信息化部关于加强智能网联汽车生产企业及产品准入管理的意见》印发，要求企业从建立健全汽车数据安全和网络安全管理制度层面来强化数据安全管理能力和加强网络安全保障能力
国家互联网信息办公室、国家发展和改革委员会、工业和信息化部、公安部、交通运输部	《汽车数据安全管理若干规定（试行）》	2021年8月16日，国家互联网信息办公室等5部门共同发布《汽车数据安全管理若干规定（试行）》。该规定明确了汽车数据处理者处理重要数据、个人信息、敏感个人信息的具体要求，以及数据安全风险评估、数据出境相关要求
工业和信息化部	《工业和信息化部关于加强车联网网络安全和数据安全工作的通知》	2021年9月15日，《工业和信息化部关于加强车联网网络安全和数据安全工作的通知》（工信部网安〔2021〕134号）印发，从"网络安全和数据安全基本要求、加强智能网联汽车安全防护、加强车联网网络安全防护、加强车联网服务平台安全防护、加强数据安全保护、健全安全标准体系"6个方面提出要求，确保车联网安全
工业和信息化部	《工业和信息化部关于加强车联网卡实名登记管理的通知》	2021年9月13日，《工业和信息化部关于加强车联网卡实名登记管理的通知》（工信部网安函〔2021〕246号）印发，要求道路机动车辆生产企业、电信企业按照行业主管部门有关要求，在车辆销售前、车辆销售时、车辆销售后3个阶段落实车联网卡实名登记工作

续表

印发部门	部门规章名称	主要内容
工业和信息化部办公厅、公安部办公厅、交通运输部办公厅、应急管理部办公厅、国家市场监督管理总局办公厅	《关于进一步加强新能源汽车企业安全体系建设的指导意见》	2022年3月29日，工业和信息化部办公厅、公安部办公厅、交通运输部办公厅、应急管理部办公厅、国家市场监督管理总局办公厅联合发布《关于进一步加强新能源汽车企业安全体系建设的指导意见》（工信厅联通装〔2022〕10号），该文件规定企业从健全安全保障体系、加强安全教育培训、严格产品质量管控、强化供应商管理、开展安全状态监测等方面加强网络安全防护、数据安全保护和个人信息安全防护
国家互联网信息办公室	《数据出境安全评估办法》	2022年7月7日，国家互联网信息办公室发布《数据出境安全评估办法》，该评估办法明确了数据处理者向境外提供在中华人民共和国境内运营中收集和产生的重要数据和个人信息适用于数据出境安全评估的情形和具体要求
工业和信息化部	《工业和信息化领域数据安全管理办法（试行）》	2022年12月8日，工业和信息化部印发《工业和信息化领域数据安全管理办法（试行）》，该管理办法界定了工业和信息化领域数据和数据处理者概念，明确各部门监管范围和监管职责；确定数据分类分级管理、重要数据识别与备案相关要求；针对不同级别的数据，围绕数据收集、存储、加工、传输、提供、公开、销毁、出境、转移、委托处理等环节，提出相应安全管理和保护要求
工业和信息化部	《工业和信息化领域数据安全风险评估实施细则（试行）》	2024年5月10日，工业和信息化部印发《工业和信息化领域数据安全风险评估实施细则（试行）》，该实施细则明确了对中华人民共和国境内工业和信息化领域重要数据和核心数据开展数据安全风险评估的要求
国家互联网信息办公室	《个人信息出境标准合同办法》	2023年2月22日，国家互联网信息办公室发布《个人信息出境标准合同办法》，该办法明确了个人信息处理者通过与境外接收方订立个人信息出境标准合同的方式向中华人民共和国境外提供个人信息的适用情形及开展个人信息保护影响评估的内容

印发部门	部门规章名称	主要内容
国家互联网信息办公室	《促进和规范数据跨境流动规定》	2024年3月22日，国家互联网信息办公室发布《促进和规范数据跨境流动规定》，该规定明确了数据出境安全评估、个人信息出境标准合同、个人信息保护认证等数据出境制度施行的适用条件
自然资源部	《自然资源部关于加强智能网联汽车有关测绘地理信息安全管理的通知》	2024年7月26日，自然资源部发布《自然资源部关于加强智能网联汽车有关测绘地理信息安全管理的通知》，该通知规定了智能网联汽车采集、存储、传输、处理地理信息数据的要求，并明确导航电子地图审图、地理信息数据出境等方面的监管要求
工业和信息化部、国家市场监督管理总局	《关于进一步加强智能网联汽车产品准入、召回及软件在线升级管理的通知》	2025年2月25日，工业和信息化部联合国家市场监督管理总局发布《关于进一步加强智能网联汽车产品准入、召回及软件在线升级管理的通知》，该通知进一步明确智能网联汽车在产品准入、召回管理和软件升级中要确保汽车产品符合网络安全和密码应用安全、数据安全和个人信息保护等国家有关规定

上述法律法规和部门规章初步构建了车联网网络安全和数据安全管理体系框架，包含安全管理制度、网络安全、数据安全、个人信息保护、数据出境、安全风险监测预警、安全事件应急处置等方面，明确了车联网相关企业的职责。

（1）安全管理制度

在安全管理制度方面，国家各部门要求企业建立网络安全和数据安全管理制度，明确负责人和管理机构，落实网络安全和数据安全保护责任。

（2）网络安全

在网络安全方面，各部门应加强整车网络安全架构设计，保障车辆网络安全。落实网络安全等级保护要求，加强车联网网络设施和网络系统安全防护，做好网络边界安全防护。建立车联网身份认证和安全信任机制，采取身份认证、加密传输等必要的技术措施，保障车与车、车与路、车与云、车与设备等场景的通信安全。采取必要的安全技术措施，加强智能网联汽车、路侧设备等平台接入安全及主机、数据存储系统等平台设施安全。建立车联网应用程序开发、上线、使用、升级等安全管理制度，提升应用程序身份鉴别、通信安全、数据保护等安全能力。建立在线升级服务软件包安全验证机制，采用安全可信的软件。开展在线升级软件包网络安全检测。

（3）数据安全

在数据安全方面，按照"谁主管、谁负责，谁运营、谁负责"的原则，各部门应建立数据管理台账，实施数据分类分级管理，加强个人信息与重要数据保护，定期开展数据安全风险评估。要采取合法、正当方式收集数据，针对数据全生命周期采取有效技术保护措施，防范数据泄露、毁损、丢失、篡改、误用、滥用等风险。

（4）个人信息保护

在个人信息保护方面，各部门应合理开发和利用数据资源，防范在使用自动化决策技术处理数据时，侵犯用户隐私权和知情权。应通过显著方式告知采集个人信息的目的、用途、方式等，因保证行车安全需要，无法征得个人同意采集到车外个人信息且向车外提供的，应当进行匿名化处理。

（5）数据出境

在数据出境方面，在向境外提供在中华人民共和国境内收集和产生的重要数据和个人信息时，应依据有关规定申报数据出境安全评估、订立个人信息出境标准合同、通过个人信息保护认证。

（6）安全风险监测预警

在安全风险监测预警方面，各部门应建立网络安全监测预警机制和采取相应技术手段，对智能网联汽车、车联网服务平台及联网系统开展网络安全相关监测工作，及时发现网络安全事件或异常行为。

（7）安全事件应急处置

在安全事件应急处置方面，各部门应建立网络安全应急响应机制，制定网络安全事件应急预案，定期开展应急演练，及时处置安全威胁、网络攻击、网络侵入等网络安全风险。

（二）安全技术及产业发展

当前，车联网安全防护技术不断创新和升级，针对服务平台、汽车、应用程序、操作系统、硬件等安全防护技术不断成熟，为车联网提供智能、高效的安全防护。

1. 网络安全防护技术

针对云服务平台，通过部署防火墙、入侵检测系统（IDS）、入侵防御系统（IPS）或入侵检测和防御系统（IDPS）等防护技术，检测潜在的恶意攻击活动并保护网络不受攻击。通过部署安全网关等实现网络接入身份认证，主流采用零信任防护系统对所有网络资源访问请求进行严格的身份验证和授权。

针对终端（路侧终端、车载终端等），通过部署防火墙、IDPS等防护技术，根据预设的安全策略，控制不同网络设备（如传感器、外部设备等）之间的通信。通过对网络报文的实时检测，识别异常报文和冗余报文。IDS主要分为基于流量的IDS、基于负载的IDS和混合IDS。通过身份认证技术来确保通信双方的身份真实性。

2. 数据安全防护技术

数据安全防护技术是指用于保护数据不被未授权访问、泄露、篡改或破坏的技术。数据安全防护技术主要包括以下4种。

数据加密技术：该技术使用加密算法对数据进行加密，确保只有拥有正确密钥的用户才能访问和解密数据。

数据完整性保护技术：该技术使用杂凑（哈希）函数和数字签名等技术，确保数据不被篡改。

数据追踪溯源技术：该技术使用数据水印和数据血缘追踪技术，提升数据安全事件溯源处置的能力。

数据泄露防护（DLP）技术：该技术通过深度内容分析对存储和传输的数据进行内容检查，识别敏感数据并实施相应的控制措施。部署数据防泄露工具，监控和控制数据的使用、存储和传输，防止数据泄露。

3. 应用程序安全防护技术

应用程序安全防护技术通过使用混淆、加壳、动态解密等技术来防止应用程序被逆向分析、二次打包、动态调试、进程注入、数据篡改等，保护应用程序和数据的可用性和完整性。

4. 操作系统安全防护技术

操作系统安全防护技术通过采用漏洞扫描、渗透测试等方式来确保操作系统不包含已知安全漏洞。通过安全启动技术来确保操作系统的加载程序、关键操作系统文件等的真实性和完整性。它通常在设备中嵌入可信平台模块（TPM）来处理加密密钥和执行与安全相关的任务。

5. 硬件安全防护技术

硬件安全防护技术通过采用加密技术来防止固件被篡改或破坏；采用安全密码芯片或安全密码模块来执行密码运算，对硬件中的敏感数据（如密钥）进行保护；采用高强度的物理保护措施（如防拆卸设计）等来防止物理攻击；采用加密技术、噪声干扰等手段来防止硬件侧信道攻击；采用安全启动模式来确保硬件在启动时不受恶意代码篡改的影响。

6. 身份认证和安全通信技术

身份认证技术是解决车联网通信安全的核心手段，车与云、车与车、车与路、车与设备 4 类通信场景均需要以可信数字身份为基础来保障业务的安全开展。基于公钥基础设施（PKI）和商用密码的数字身份认证技术得到产业界共识，它通过为车辆、路侧设备等赋予可信的"数字身份"，确保各类主体的身份鉴别，抵御非法主体的伪造、篡改等安全攻击。当前广泛应用的数字证书体系包括 X.509 证书体系和 V2X 证书体系，其中 X.509 证书用于"车－云"安全通信协议［如传输层安全协议（TLS）］，保护通信数据的真实性、完整性、机密性，V2X 证书用于"车－车""车－路"直连通信协议，保护通信数据的真实性和完整性。

车联网的安全解决方案、安全服务、安全产品逐渐丰富，初步构建了涵盖"车－云－通信"的网络安全和数据安全防护体系。传统网络安全和数据安全产品（如防火墙、入侵检测、漏洞监测等）已被广泛应用于车联网服务平台安全防护。车端入侵检测与防御系统不断成熟，东软、奇虎 360 等众多企业产品已经能够对车辆内部控制局域网（如 CAN 网络）、车载以太网以及关键电子控制单元（ECU）进行监视和保护，实现了对车载网络安全状态的监视和响应处理。百度、奇虎 360、天融信、国汽智联等企业积极构建智能网联汽车安全运营中心（VSOC），VSOC 通过持续监控网络攻击对车辆系统造成的威胁，提高智能网联汽车生态系统的安全性。车规级安全芯片逐步上车应用，上海芯钛、信大捷安、紫光国微、华大电子等企业陆续完成车规级高性能安全芯片研发，并在量产车中应用。针对车联网数据安全，安恒信息、启明星辰、天融信、奇安信等企业开发的相关数据库安全防护、数据防泄漏、数据资产梳理、数据分类分级、数据安全合规审计、数据脱敏等产品，可实现对车联网数据分类分级保护。产业界陆续利用区块链、同态加密、联邦学习、安全多方计算等技术，在保护隐私数据的同时实现数据安全、共享流通。信安世纪、360 数科、安恒信息、腾讯等企业建立可信隐私计算平台，并通过行业"可信隐私计算评测"，解决数据共享过程中的安全、信任和隐私保护问题。

（三）安全标准进展

2017 年以来，工业和信息化部联合公安部、交通运输部、国家标准化管理委员会等，先后印发《国家车联网产业标准体系建设指南（智能网联汽车）》《国家车联网产业标准体系建设指南（总体要求）》《国家车联网产业标准体系建设指南（信息通信）》《国家车联网产业标准体系建设指南（电子产品与服务）》《国家车联网产业标准体系建设指南（车辆智能管理）》《国家车联网产业标准体系建设指南（智能交通相关）》等标准体系系列文件，分领域规划网络安全标准项目。2022 年 2 月 25 日，工业和信息化部办公厅印发《车联网网络安全和数据安全标准体系建设指南》，该指南明确了车联网网络安全和数据安全标准体系包括总体与基础共性、终端与设施网络安全、网联通信安全、数据安全、应用服务安全、安全保障与支撑 6 个部分，如图 8-1 所示。该指南提出阶段性建设目标，即"到 2023 年底，初步构建起车联网网络安全和数据安全标准体系，重点研究基础共性、终端与设施网络安全、网联通信安全、数据安全、应用服务安全、安全保障与支撑等标准，完成 50 项以上急需标准的研制。到 2025 年，形成较为完善的车联网网络安全和数据安全标准体系，完成 100 项以上标准的研制，提升标准对细分领域的覆盖程度，加强标准服务能力，提高标准应用水平，支撑车联网产业安全健康发展"。

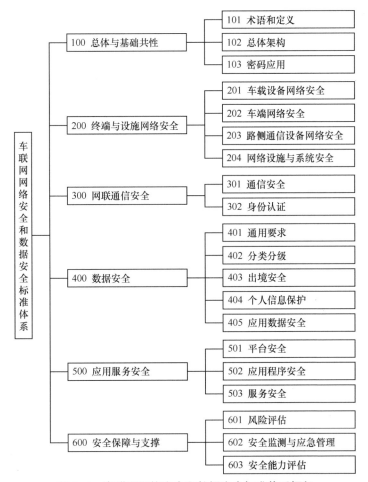

图 8-1 车联网网络安全和数据安全标准体系框架

1. 总体与基础共性标准

总体与基础共性标准是车联网网络安全和数据安全的总体性、通用性和指导性标准，包括术语和定义、总体架构、密码应用3类标准。

术语和定义标准主要规范车联网网络安全和数据安全主要概念，为相关标准中的术语和定义提供依据支撑。

总体架构标准主要规范车联网网络安全总体架构要求，明确和界定防护对象、防护方法、防护机制，指导企业体系化开展网络安全防护工作。

密码应用标准主要规范车联网密码应用通用要求，明确数字证书格式、数字证书应用、设备密码应用等要求。

2. 终端与设施网络安全标准

终端与设施网络安全标准主要规范车联网终端和基础设施等相关网络安全要求，包括车载设备网络安全、车端网络安全、路侧通信设备网络安全、网络设施与系统安全4类标准。

车载设备网络安全标准主要规范智能网联汽车关键智能设备和组件的安全防护与检测要求，包括汽车网关、电子控制单元、车用安全芯片、车载计算平台等安全标准。

车端网络安全标准主要规范整车电子电气架构、总线架构、系统架构等安全防护与检测要求。

路侧通信设备网络安全标准主要规范联网路侧设备的安全防护与检测要求。

网络设施与系统安全标准主要规范车联网网络设施与系统的安全防护与检测要求。

3. 网联通信安全标准

网联通信安全标准主要规范车联网通信网络安全、身份认证等相关安全要求，包括通信安全、身份认证2类标准。

通信安全标准主要规范C-V2X及应用于车联网的蜂窝移动通信、卫星通信、无线射频识别、车内无线局域网、蓝牙低能耗、紫蜂、超宽带等安全防护与检测要求。

身份认证标准主要规范车联网数字身份认证相关的证书应用接口、证书管理系统、安全认证技术及测试方法、关键部件轻量级认证等技术要求。

4. 数据安全标准

数据安全标准主要规范智能网联汽车、车联网平台、车载应用服务等数据安全和个人信息保护要求，包括通用要求、分类分级、出境安全、个人信息保护、应用数据安全5类标准。

通用要求标准主要规范车联网可采集和处理的数据类型、范围、质量、颗粒度等，包括数据最小化采集、数据安全存储、数据加密传输、数据安全共享等标准。

分类分级标准主要规范车联网数据分类分级保护要求，包括制定数据分类分级的维度、方法、示例等标准，明确重要数据类型和安全保护要求。

出境安全标准主要规范车联网行业依法依规落实数据出境安全要求，包括数据出境安全评估要点、评估方法等标准。

个人信息保护标准主要规范车联网用户个人信息保护机制及相关技术要求，明确用户敏感数据和个人信息保护的场景、规则、技术方法，包括匿名化、去标识化、数据脱敏、异常行为识别等标准。

应用数据安全标准主要规范车联网相关应用所开展的数据采集和处理使用等活动，包括车联网平台、网约车、车载应用程序等数据安全标准。

5. 应用服务安全标准

应用服务安全标准主要规范车联网服务平台和应用程序的安全要求，以及典型业务应用服务场景下的安全要求，包括平台安全、应用程序安全和服务安全3类标准。

平台安全标准主要规范车联网信息服务平台、OTA服务平台、边缘计算平台、电动汽车远程信息服务与管理等安全防护与检测要求。

应用程序安全标准主要规范车联网应用程序等安全防护与检测要求。

服务安全标准主要规范车联网典型业务服务场景下的安全要求，包括汽车远程诊断、组合驾驶辅助、车路协同等服务安全要求。

6.安全保障与支撑标准

安全保障与支撑标准主要规范车联网网络安全管理与支撑相关的安全要求，包括风险评估、安全监测与应急管理和安全能力评估3类标准。

风险评估标准主要规范车联网网络安全风险分类与安全等级划分要求，明确安全风险评估流程和方法，提出车联网服务平台、整车网络安全风险评估规范等相关要求。

安全监测与应急管理标准主要规范车联网网络安全监测、数据安全监测、应急管理、网络安全漏洞分类分级、安全事件追踪溯源等相关要求，以及安全管理接口、车联网卡实名登记、车联网业务递交网关接口等相关规范。

安全能力评估标准主要规范车联网服务平台运营企业、智能网联汽车生产企业、基础电信企业等的安全防护措施部署及安全服务实施，提出网络安全成熟度模型、数据安全成熟度模型、安全能力成熟度评价准则、评估实施方法、机构能力认定、道路车辆信息安全工程等相关要求。

全国汽车标准化技术委员会、全国信息安全标准化技术委员会、中国通信标准化协会等标准化组织依照标准体系建设方向和要求，正在加快推进车联网安全标准的研制工作，主要标准如表8-2所示。

表8-2　车联网和智能网联汽车主要安全标准

标准化组织	序号	标准名称
全国汽车标准化技术委员会	1	《电动汽车远程服务与管理系统信息安全技术要求及试验方法》（GB/T 40855—2021）
	2	《车载信息交互系统信息安全技术要求及试验方法》（GB/T 40856—2021）
	3	《汽车网关信息安全技术要求及试验方法》（GB/T 40857—2021）
	4	《电动汽车充电系统信息安全技术要求及试验方法》（GB/T 41578—2022）
	5	《汽车信息安全通用技术要求》（GB/T 40861—2021）

标准化组织	序号	标准名称
全国汽车标准化技术委员会	6	《道路车辆 信息安全工程》（国家标准在研）
	7	《汽车整车信息安全技术要求》（GB 44495—2024）
	8	《汽车信息安全应急响应管理规范》（国家标准在研）
	9	《汽车诊断接口信息安全技术要求及试验方法》（国家标准在研）
	10	《汽车数据通用要求》（GB/T 44464—2024）
	11	《汽车软件升级通用技术要求》（GB 44496—2024）
	12	《基于LTE-V2X直连通信的车载信息交互系统技术要求及试验方法》（GB/T 45315—2025）
全国信息安全标准化技术委员会	1	《信息安全技术 汽车电子系统网络安全指南》（GB/T 38628—2020）
	2	《信息安全技术 个人信息安全规范》（GB/T 35273—2020）
	3	《信息安全技术 网络数据处理安全要求》（GB/T 41479—2022）
	4	《信息安全技术 汽车数据处理安全要求》（GB/T 41871—2022）
	5	《数据安全技术 数据分类分级规则》（GB/T 43697—2024）
	6	《数据安全技术 数据安全保护要求》（国家标准在研）
	7	《数据安全技术 数据安全风险评估方法》（国家标准在研）
	8	《数据安全技术 数据安全和个人信息保护社会责任指南》（国家标准在研）
	9	《信息安全技术 重要数据处理安全要求》（国家标准在研）
	10	《信息安全技术 敏感个人信息处理安全要求》（国家标准在研）
	11	《数据安全技术 个人信息跨境处理活动安全认证要求》（国家标准在研）
	12	《数据安全技术 个人信息保护合规审计要求》（国家标准在研）
中国通信标准化协会	1	《基于公众电信网的联网汽车安全技术要求》（YD/T 3737—2020）
	2	《车联网信息服务 数据安全技术要求》（YD/T 3751—2020）
	3	《车联网信息服务 用户个人信息保护要求》（YD/T 3746—2020）
	4	《车联网无线通信安全技术指南》（YD/T 3750—2020）
	5	《车联网信息服务平台安全防护技术要求》（YD/T 3752—2020）

续表

标准化组织	序号	标准名称
中国通信标准化协会	6	《基于LTE的车联网通信安全技术要求》（YD/T 3594—2019）
	7	《基于LTE的车联网无线通信技术 安全证书管理系统技术要求》（GB/T 45112—2024、YD/T 3957—2021）
	8	《基于LTE的车联网无线通信技术 安全认证测试方法》（YD/T 4973—2024）
	9	《车辆C-V2X异常行为管理技术要求》（YD/T 4774—2024）
	10	《基于LTE的车联网无线通信技术 V2I基础信息单播传输技术要求》（YD/T 4773—2024）
	11	《车联网网络安全异常行为检测机制》（GB/T 45181—2024）
	12	《车联网安全管理接口规范》（国家标准在研）
中国通信标准化协会	13	《车联网在线升级（OTA）安全技术要求与测试方法》（国家标准在研）
	14	《车联网服务平台网络安全防护要求》（T/CCSA 441—2023）
	15	《基于LTE的车联网无线通信技术 安全证书管理系统技术要求》（国家标准在研）
	16	《C-V2X车联网系统 认证授权系统技术要求（YD/T 6013—2024）
	17	《基于公开密钥基础设施（PKI）的车联网应用服务安全认证体系框架》（行业标准在研）
	18	《车联网数字证书应用接口规范》（行业标准在研）
	19	《面向车路协同的车云互联安全技术要求》（行业标准在研）
	20	《车联网设备安全技术要求及检测方法 路侧计算设备》（行业标准在研）
	21	《车联网设备安全技术要求及检测方法 路侧无线通信设备》（行业标准在研）
	22	《车联网信息服务 数据安全技术要求》（YD/T 3571—2020）
	23	《车联网数据跨境流动安全评估规范》（行业标准在研）
	24	《车联网密码应用通用要求》（行业标准在研）
	25	《车路协同通信密码应用技术要求》（YD/T 6014—2024）
	26	《车云通信密码应用基本要求》（行业标准在研）

（四）安全测评活动

通过安全测评活动，可以全面检测企业车联网和智能网联汽车的安全防护能力，协助企业及时发现安全风险隐患并进行整改优化，持续提升安全防护水平，促进智能网联汽车产业的健康、有序发展。2021—2024年，相关单位陆续开展相关车联网和智能网联汽车安全测评活动。

中汽创智科技有限公司于2021年举办了第一届"创安杯"智能汽车信息安全公开赛，这次比赛包含线上预选知识赛、赛前预热表演赛、虚拟汽车靶标夺旗赛、基于台架半实物仿真OTA/远程诊断场景的攻防赛和实车自由漏洞挖掘赛。2023年，中汽创智科技有限公司举办了第二届"创安杯"智能汽车信息安全公开赛，这次比赛以"智能汽车网络靶场"作为技术平台和基础设施，实现智能汽车典型业务场景构建及安全验证，该技术平台全维度覆盖汽车零部件、整车、联网业务仿真，涵盖真实和模拟OTA/远程诊断、驾驶自动化场景、汽车数据安全和自由漏洞挖掘等多种汽车业务场景。2024年，中国软件评测中心（工业和信息化部软件与集成电路促进中心）和中汽创智科技有限公司联合主办"赛迪·创安杯"智能汽车信息安全公开赛，该公开赛涵盖真实模拟OTA/远程诊断、驾驶自动化场景、汽车数据安全和自由漏洞挖掘等多种汽车业务场景。

中国软件评测中心（工业和信息化部软件与集成电路促进中心）、中国软件评测中心智能网联汽车测评工程技术中心（赛迪汽车）从2020年开始连续3年牵头组织智能网联汽车安全渗透测试活动，从智能网联汽车产品准入安全要求出发，验证车辆的防护情况，为行业发展提供参考。3届智能网联汽车安全渗透测试活动共测试了24家主流车企的35种不同车型。测试结果显示，被测车型典型问题涉及服务端口安全、通信链路安全、蓝牙链接认证、车端系统无身份鉴别机制、车端系统调试模式暴露、非授权前提下安装应用、车端系统无法识别恶意木马、日志明文本地存储及敏感信息暴露、车端 Wi-Fi 热点无安全防护、个人信息非授权访问、物理介质［通用串行总线（USB）、车载自动诊断系统（OBD）］接入无校验机制、代码／数据未经授权修改、高危已知漏洞等方面。

国家智能网联汽车创新中心举办了"2022 CICV 智能网联汽车漏洞挖掘赛"，本次比赛采取实车与实件漏洞挖掘、车联网夺旗赛（CTF）答题等多样化组织形式。线上赛包含 CTF 答题和 ICV 渗透测试案例评选两部分，CTF 答题涉及车端固件安全、移动应用程序包安全、无线通信安全、车内网络安全、加密与解密、云端应用安全、硬件安全等方向；ICV 渗透测试案例内容包括 ICV 渗透测试详细过程及漏洞分析、ICV 网络与数据安全渗透测试方案及报告、新型 ICV 网络与数据安全测试技术及实施情况等。线下决赛主要包括实车漏洞挖掘和攻防夺旗赛两部分，实车漏洞挖掘主要针对整车及零部件进行渗透测试，完成测试方案及报告；攻防夺旗赛围绕车端固件安全、移动应用程序包安全、无线通信安全、车内网络安全、加密与解密、云端应用安全、硬件安全等进行答题比赛。

中国信通院、中汽数据有限公司举办了"2022 车联网 C-V2X 安全验证活动"，活动针对 C-V2X 安全通信协议、安全证书应用、安全证书管理等关键技术，随机化设置安全验证场景，开展 C-V2X 安全机制验证。在全程 7.6km 的开放道路上，设置车与车通信场景 3 个、车与基础设施通信场景 17 个，共计 20 个场景（10 个安全场景，10 个攻击场景）。

IMT-2020（5G）推进组 C-V2X 工作组联合中国智能网联汽车产业创新联盟等行业机构，于 2019-2024 年持续组织开展 C-V2X "四跨"先导应用实践活动，针对 C-V2X 直连通信身份认证和安全通信、跨域互信互认、异常行为管理、大规模安全通信性能等开展专项测试，有效验证了C-V2X安全机制，推动了跨企业、跨地区互信互认和互联互通。

（五）问题与挑战

在相关政策法规和技术标准的引导和逐步规范下，车联网相关企业网络安全、数据安全和个人信息保护意识普遍提升，针对汽车和车联网服务平台的安全防护措施逐步增加，面向车、路、云、网等安全实践逐步落地实施。但整体来看，车联网产业面临的安全挑战仍非常严峻，整体安全防护水平还存在明显差距，主要体现在以下几个方面。

（1）车联网新型攻击技术层出不穷，针对车联网服务平台、汽车零部件、软件、充电基础设施的攻击态势整体呈上升趋势，对安全防护水平提出了更高要求。

（2）现有的网络安全产品和解决方案不能完全适用于车联网的特殊环境，需要开发更加定制化的安全产品和服务，针对车规级安全芯片、入侵检测产品等需加大供给。

（3）企业缺少专业的安全运维团队，威胁情报获取、风险预警和应急响应等能力有待进一步提升。

（4）车联网安全管理和技术人才缺口较大，车联网安全人才需要具备网络安全、通信技术、汽车工程、数据分析等多个领域的知识和技能，目前需要专业的教育和培训，来满足行业对车联网安全专业人才的需求。

为了应对这些挑战，需要政府、车企、科研机构等多方面的共同努力，加强车联网安全技术的研发和应用，提升车联网系统的整体安全性。

在政策法规方面，产业各方需要持续完善车联网网络安全和数据安全的法律法规体系，确保有法可依、有章可循。产业各方可以借鉴国际先进经验，结合我国实际情况，制定或修订相关法律法规，明确车联网安全责任主体、监管机制、处罚措施等。完善政策制定，引导车联网产业健康发展，通过政策扶持、资金补助等方式，鼓励企业加大车联网安全技术研发和投入。

在技术保障方面，产业各方需要加大在车联网网络安全和数据安全技术方面的研发投入，包括加密技术、身份认证技术、入侵检测技术等，提升车联网整体安全防护水平。继续完善车联网安全检测体系，对智能网联汽车、车联网服务平台及路侧系统进行定期安全检测，及时发现并消除安全隐患。推动技术创新应用，鼓励企业创新应用新技术，如区块链、人工智能等，提升车联网安全防护的智能化、自动化水平。

在产业协同方面，产业各方需要加强产业链协同，推动车企、基础电信企业、科研机构、网络安全企业等产业链各方加强协同合作，共同提升车联网安全防护能力。推动产业链各方按照统一标准开展技术研发和产品生产，提高车联网安全产品的兼容性和互操作性。

在标准制定方面，产业各方需要持续完善标准体系，加快构建车联网网络安全和数据安全标准体系，覆盖车端、网络、平台、数据等各个环节，为车联网安全管理和技术防护提供标准支撑。推动标准国际化，积极参与国际车联网安全标准制定工作，推动中国标准走向世界，提升我国在全球车联网安全领域的话语权和影响力。

在应急响应方面，产业各方需要建立健全车联网网络安全和数据安全应急响应机制，制定应急预案，明确应急响应流程和处置措施，确保在发生安全事件时能够迅速、有效地进行应对。加强应急演练，定期组织车联网安全应急演练，提升产业链各方的应急响应能力和协同作战能力，确保在发生安全事件时能够迅速、有序地开展应急处置工作。

　　在专业人才培养方面，产业各方需要推动产教融合，高校和企业与国际知名高校、研究机构和企业加强交流与合作，共同制定车联网网络安全和数据安全人才培养方案和课程体系，联合开展人才培养。举办高水平的车联网网络安全和数据安全演练、赛事和培训，提升从业人员的网络安全意识和技能，培养复合型人才，壮大安全人才保障力量。

小结

　　随着车联网技术的快速发展，安全问题日益凸显，成为车联网产业健康发展的关键因素。国家陆续出台相关法律法规，明确了车联网网络安全、数据安全和个人信息保护要求，为车联网安全提供根本遵循。车联网网络安全和数据安全标准体系初步构建，涵盖终端与设施网络安全、网联通信安全、数据安全、应用服务安全以及安全保障与支撑等多个方面，为行业的安全实践提供了标准化的框架。车联网安全测评活动积极开展，通过深挖潜在安全风险，不断强化安全防护措施。车联网安全防护技术持续创新，在网络、数据、应用、操作系统及硬件等多个层面不断深化，为车联网提供了严密的安全屏障。尽管如此，面对层出不穷的新型网络攻击技术和日益增强的攻击力度，车联网安全防护体系和运维能力面临着更为严峻的考验，建议政府、企业、科研机构等多方携手，共同加大在关键安全防护技术和产品研发以及专业人才培养等方面的投入，全面提升车联网安全防护的广度与深度，确保车联网技术的安全性和可靠性，进而推动整个车联网产业的稳定与持续发展。

第九章

以数据为核心贯穿车联网技术产业发展

随着汽车产业进入以智能网联汽车为标志的下半场竞争，车辆通过车载感知设备和电气化，可以产生包括自车状态数据、环境感知数据、事件类数据等大量数据，同时，随着车路云一体化的建设进程，路侧的智能化改造使得路侧能够收集如信号灯状态、道路事件、车辆轨迹、道路目标物等数据。数据因其具有可复制、可共享的特性，通过适当的方式可极大地发挥其乘数效应，不仅可为汽车产品优化和交通效率提升提供有力支撑，还能赋能汽车、交通产业变革和数字时代新经济发展，已经成为汽车、交通创新发展的基础要素。如何高效、安全、全面利用车联网数据将是未来产业发展的重点方向，也是新质生产力的重要具象体现。

（一）车联网数据概述

车联网数据具有地域特征、多源异构、数据量大、价值差异大等特征。

地域特征是指行车和路侧采集的数据因为各地交通环境、路网特点、交通参与者组成的差异而呈现出不同的特征，如山区城市复杂的高架路网环境、以快速路为主的中大型城市交通系统，与地面以平交信控为主的小城交通系统相比，其行车和管理模式均有较大区别，不同的特征对数据模型的适应性提出了较高的要求。

多源异构特征是指车联网数据来源广泛且数据结构复杂。来自车、路、互联网、个人终端的视频，雷达、激光点云及定位和轨迹、气候、交通管理等异构数据，给数据的汇聚和融合处理带来了一定的挑战。

数据量大是指城市与车辆实时产生的数据量巨大，如一辆普通的智能网联汽车每天能产生 TB 级别的数据，成都市交通运行协调中心日均新增 6 亿条数据，总数据量超过 3100 亿条[1]，大体量的数据对数据治理和处理工具提出新要求。

价值差异大是指数据对不同主体的价值存在较大差异，如车辆采集的雷达点云和接管数据对于驾驶自动化训练更具价值，而路侧感知数据则对车联网和城市管理更具价值。数据价值的差异也促使行业可信数据流通模式和交易机制的形成。

我国高度重视数据要素市场建设，明确数据要素地位，出台多项政策文件进行顶层规划指导。相关举措详见表 9-1。

表 9-1 我国数据要素相关举措[2]

日期	重要会议/文件/举措	主要事项
2019年10月	《中国共产党第十九届中央委员会第四次全体会议公报》	首次提出将数据纳入生产要素
2020年3月	《中共中央　国务院关于构建更加完善的要素市场化配置体制机制的意见》	首次提出培育数据要素市场
2021年12月	《"十四五"数字经济发展规划》	提出要充分发挥数据要素作用，部署了包括优化升级数字基础设施、充分发挥数据要素作用、大力推进产业数字化转型等8个方面重点任务

---

1 成都 TOCC：每天产生超 3 亿条交通数据，提升城市交通"智慧度"，《四川日报》。

2 来源：中国信通院根据公开信息整理。

日期	重要会议/文件/举措	主要事项
2022年12月	《中共中央　国务院关于构建数据基础制度更好发挥数据要素作用的意见》（又称"数据二十条"）	提出构建数据基础制度体系，促进数据合规高效流通使用。从数据要素、流通交易、收益分配、安全治理4个方面初步搭建我国数据基础制度体系，并提出20条政策举措
2023年10月	国家数据局挂牌成立	
2024年1月	《"数据要素×"三年行动计划（2024—2026年）》	通过推动数据在多场景应用，提高资源配置效率，创造新产业新模式，培育发展新动能，从而实现对经济发展倍增效应
2024年5月	国家数据局牵头举办"数据要素×"大赛，并发布第一批20个"数据要素×"典型案例	案例涵盖了工业制造、现代农业、商贸流通、交通运输等12个行业和领域，为数据要素的应用和利用树立了标杆

（二）车联网数据要素价值的三次释放

依据中国信通院《数据要素白皮书（2022年）》，数据要素投入生产的途径可概括为三次不同的价值释放过程。具体到车联网领域，如图9-1所示，一次价值体现在业务贯通层面，通过实体的数字化、数据的标准化和车路云的全方位连接，实现汽车、路侧、云端的全线业务贯通；二次价值体现在数智决策层面，通过对各类数据的深度挖掘和分析，产生超出原始数据的新信息，提升与车辆功能和交通服务有关的各类决策的效率及科学性；三次价值则是体现在数据流通层面，通过数据在主体之间的流动，让数据流通到需要的行业和企业，实现数据变现，释放数据的更大价值。

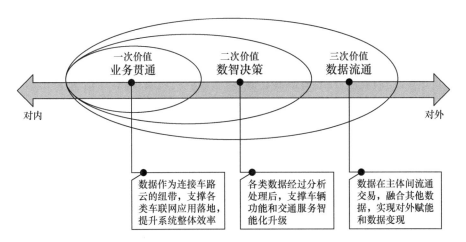

一次价值
业务贯通

二次价值
数智决策

三次价值
数据流通

对内

对外

数据作为连接车路云的纽带，支撑各类车联网应用落地，提升系统整体效率

各类数据经过分析处理后，支撑车辆功能和交通服务智能化升级

数据在主体间流通交易，融合其他数据，实现对外赋能和数据变现

图 9-1　车联网数据的三次价值释放

1. 业务贯通，车路云典型应用规模化推广

数据的业务贯通价值是指通过数据实现车辆、路侧与云端的业务打通，达到车路云系统内部各主体之间的贯通，从而实现各类车联网典型应用，如图 9-2 所示。

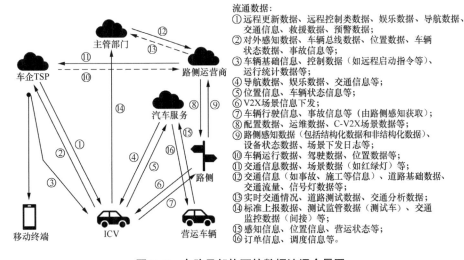

流通数据：
①远程更新数据、远程控制类数据、娱乐数据、导航数据、交通信息、救援数据、预警数据；
②对外感知数据、车辆总线数据、位置数据、车辆状态数据、事故信息等；
③车辆基础信息、控制数据（如远程启动指令等）、运行统计数据等；
④导航数据、娱乐数据、交通信息等；
⑤位置信息、车辆状态信息等；
⑥V2X场景信息下发；
⑦车辆行驶信息、事故信息等（由路侧感知获取）；
⑧配置数据、运维数据、C-V2X场景数据等；
⑨路侧感知数据（包括结构化数据和非结构化数据）、设备状态数据、场景下发日志等；
⑩车辆运行数据、驾驶数据、位置数据等；
⑪交通信息数据、场景数据（如红绿灯）等；
⑫交通信息（如事故、施工等信息）、道路基础数据、交通流量、信号灯数据等；
⑬实时交通情况、道路测试数据、交通分析数据；
⑭标准上报数据、测试监管数据（测试车）、交通监控数据（间接）等；
⑮感知信息、位置信息、营运状态等；
⑯订单信息、调度信息等。

图 9-2　车路云架构下的数据流通全景图

车与路的业务贯通，数据承载着信号灯信息、交通感知信息，由路侧通信系统下发给网联车辆，使车辆能及时获取相关的信息，从而实现各类安全、效率类应用，如无锡、重庆等地运行的路侧信号灯和盲区预警应用。

车与云的业务贯通，车辆数据承载着车辆状态信息、位置信息、图像信息等，通过网联系统上传至云端后，云端平台可以实时掌握车辆状态，实现对车辆状态的监控，如合肥、南京等地对道路测试车辆的监控系统，通过车载终端实时上传的车辆数据，监控车辆运行状态；同时，云平台可将调度数据、地图数据、娱乐数据等通过无线网络传输给车辆，实现远程调度、导航、车载娱乐等应用，如长沙的定制公交应用，通过将乘客预订信息下发给公交车辆，实现对公交车的远程调度。

路与云的业务贯通，路侧设备将感知数据和设备状态数据上传给云平台，实现对设备的远程监控，降低运维成本，如无锡、重庆等地的云平台通过路侧设备的心跳数据来监控路侧设备状态；同时，云平台可将配置数据下发给路侧设备，实现对设备的远程控制，如远程调整监控设备的角度，也可以将感知算法推送给路侧MEC，实现远程升级。

云与云的业务贯通，不同的业务云之间通过互联互通接口，实现各类交通信息的快速传递，如长沙车联网运营平台可将高速监控数据传输给交警平台，实现事故判责、道路监控等应用。上海将市政和交管部门的交通数据汇总到统一的车联网创新平台，并通过该平台向车辆下发相关信息，实现交通事故预警、缓行车辆预警等功能。

此外，其他平台如网约车运营平台、保险平台、图商平台等也与车辆及路侧运营平台存在数据交互，实现如车辆调度、远程监控、车辆导航等应用。

2. 数智决策，支撑汽车与交通智能化升级

数智决策是指通过对数据的加工、分析和建模，提取大量数据中蕴含的深层关系和规律，从而产生新的价值和信息，推动智能网联汽车产品和智能交通服务升级。

汽车厂商依托汽车电气架构和远程升级功能，在售卖产品后持续收集用户使用和反馈数据，快速迭代车辆各类功能。例如，小鹏汽车基于车主市场调研需求，在汽车使用环节推出了车内空调"高温抑菌"功能。

互联网企业基于数据挖掘开发新功能，服务个人和行业。例如，高德、百度通过对导航和手机位置数据进行挖掘学习，为个人用户提供信号灯倒计时服务，同时通过分析区域出行偏好、出行时间空间分布、人流集中度、拥堵情况等数据，为地方交通管理与规划提供决策支撑。

路侧运营企业深入挖掘交通数据，赋能智能交通，助力"双碳"目标实现。深圳、无锡、襄阳等地通过对路侧采集的交通流数据分析，形成信号灯配时优化方案，可自动化调整路口配时，有效提升交通效率。中信科智联通过接入路侧融合感知设施数据，挖掘出精细化的车速、车型、道路流量等相关数据，并结合出行区域数据转化为碳排放数据，为后续"双碳"目标达成提供支撑。

但同时，车端数据和路侧数据的汇聚和分析，也对企业的数据挖掘、模型分析、数据筛选等能力提出了更高的要求，产生的应用相比一次价值释放更为聚焦和专业。

3. 数据流通，赋能跨行业协同共建产业新生态

数据异质性使得相同数据在不同使用者和不同场景下存在较大价值差别，车联网数据通过有效的数据流通和数据变现手段，在前两次基础上可以进一步释放数据价值。

在车端方面，供应链数据流通降低了生产阶段的管理成本。在德国，由宝马、博世等企业牵头成立的Catena-X数据空间，用于各供应链企业间数据安全流通交换，实现碳足迹追踪（如图9-3所示）、零部件质量管理等应用，提升了整个汽车供应链的协作水平。

在路端方面，路侧感知数据多维赋能多个行业。清华大学智能产业研究院（AIR）联合北京市高级别自动驾驶示范区、北京车网、百度等发布基于路侧感知数据的DAIR-V2X车路协同数据集，提供给驾驶自动化和车路协同解决方案商进行车路协同模型的研发和训练；德清运营商利用路侧的感知数据提取出驾驶自动化训练集，提供给相关企业进行驾驶自动化训练，同时产品成功上线大数据交易所。

在云端方面，车联网数据与交通云、交管云、城管云等融合，在交通管理、城市治理等方面拓展应用。广州市车城网平台通过对接交通车辆管理平台、城管数据中心等平台，对车辆闯红灯、逆行、道路遗撒、车斗未封闭等交通事件以及事故进行识别，实现对重点车辆可追溯、自动化监管。

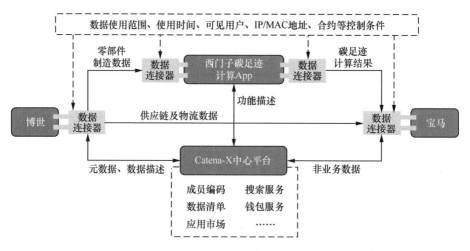

图9-3 Catena-X的碳足迹追踪应用示例

（三）多种数据流通模式分析

数据流通是数据要素实现价值最关键的环节之一，也是实现数据要素乘数效应的必经之路。因此，本节围绕数据流通，详细阐述数据开放、授权运营、数据交易和数据空间等主要内容。

1. 数据开放

数据开放主要针对公共数据和部分适宜公开的行业数据。根据开放的程度，它可以细分为完全开放和有限开放。

完全开放是指将适合对公众普遍开放的数据，免于审批赋予数据使用主体全部数据权利的方式，典型案例如国家各级各部门公布的各类统计年鉴、行业统计数据等，它们会通过网站、公众号、新闻等方式进行公开，例如，清华大学、华为、Waymo 等科研机构和企业也开放自身采集的部分感知数据、车载视频数据、激光点云、交通标志标牌、目标物轨迹等数据，供高校、企业进行研究使用。

有限开放则是指部分行业数据或者相对敏感数据需要进行审批，然后对特定主体进行开放，同时在数据使用场景、使用主体资质、数据安全保障等方面均提出一定的要求和约束，典型案例如前文提到的 DAIR-V2X 数据集、各地政府的数据开放平台中的受限专区等。以 DAIR-V2X 数据集为例，数据集内包括 DAIR-V2X 协同数据集、DAIR-V2X 路端数据集、DAIR-V2X 车端数据集以及时序车路协同 V2X-Seq 数据集，如图 9-4 所示。数据采集自北京市高级别自动驾驶示范区 10 km 城市道路、10 km 高速公路及 28 个路口，数据内容包含脱敏后的原始图像和点云数据、标注数据、时间戳、标定文件等，覆盖车端相机、车端激光探测及测距、路端相机和路端激光探测及测距等类型传感器产生的数据，可用于车路协同环境下的驾驶自动化算法训练[1]。数据集有限开放，申请者需要注册登录，并通过网站或邮件的方式进行申请，审批通过后申请者还需签署相关使用协议，此后，申请者才可以使用数据集中的数据。

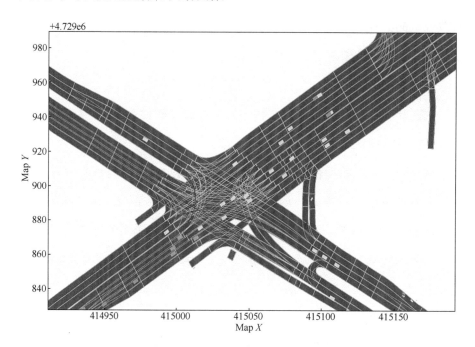

图 9-4　V2X-Seq 轨迹预测数据集

2. 授权运营

授权运营方式主要面向交通路网数据、公共交通数据、交通管理数据等公共数据，这类数据可与汽车导航、车联网信息服务及智能交通的数据结合应用，蕴藏巨大的经济和社会价值。"数据二十条"要求针对公共数据建立确权授权机制、全流程合规与监管体系以及明确价值收益分享方式等。相较于企业和个人数据，公共数据具有更为明晰的权属结构，可通过确权、授权、运营、经营等方式实现流通。

1　来源：DAIR-V2X 官方网站。

北京、杭州、济南、青岛、长沙等地发布针对公共数据授权运营的专项政策，从制度层面上明确地方开展授权运营的推进方向。例如，杭州市发布《杭州市公共数据授权运营实施方案（试行）》，提出机制建立、平台搭建、运营管理等工作方向，促进数据应用与市场化流通；北京先后发布"北京数据二十三条"和《北京市公共数据专区授权运营管理办法（试行）》，要求建立公共数据开发利用的收益分配机制，持续推进各领域的公共数据专区建设，明确专区运营单位的要求和条件；长沙发布《长沙市政务数据运营暂行管理办法》，明确提出"市级政务数据运营项目中的数据权属主体收益分配纳入市级财政收入"，探索公共数据授权运营收益分配及激励机制。

以北京市金融公共数据专区为例，2020年9月7日，北京市经济和信息化局与北京金融控股集团签署《北京市金融公共数据专区授权运营管理协议》，北京金融大数据有限公司作为北京金融控股集团的全资子公司，负责专区具体运营工作。金融公共数据专区作为北京金融公共数据汇聚的核心载体、运营管理的平台和社会应用的统一接口，承担金融公共数据"统进统出"、制度化管理、创新社会应用的功能。在技术上，通过与银行联合部署建模节点，实现数据"可用不可见"，同时提供SaaS平台，给金融机构提供快捷信用信息查询以及接口调用功能。目前，专区主要提供信用信息查询、准入分析、风险洞察、竞争力分析、企业守信分析等七大类公共数据产品与服务，以免费居多，初步形成公益服务和定制化相结合的多元数据产品体系。金融机构需要的企业基本信用信息均免费提供，但若需获取竞争力分析、风险洞察等增值服务时需要付费。另外，各金融机构需要的定制化程度高的公共数据产品与服务，由供需双方协商定价。

公共数据授权运营模式能极大地提升公共数据的供应量，有效释放公共数据要素价值。面向未来，如交通信号灯、交通流量、公共停车等数据可与智能网联汽车及车联网服务深度融合，提升车联网服务质量，促进新场景、新应用的创新落地。

3. 数据交易

"数据二十条"明确提出构建"多层次、多元化"、规范高效的数据交易市场体系，建立包括国家级数据交易场所、区域性数据交易场所和行业性数据交易平台等在内的数据交易生态。从职能来看，交易所主要提供数据确权登记、交易存证、交易撮合等公共服务，支撑主体间数据或数据服务交易，实现数据变现和数据资产入表。车联网运营企业积极探索车联网数据交易，柳州、德清、苏州等地已落地车联网数据交易。柳州市东城集团东科智慧公司与中信科智联，成功完成柳州市车联网先导区首单车联网数据产品交易（如图9-5所示），北部湾大数据交易中心为此次数据交易进行了数据（产品）确权登记和数据交易存证服务，并为交易双方颁发数据产品交易凭证[1]。德清基于车联网产业研发的8个数据产品正式上线浙江大数据交易服务平台，覆盖企业服务、交通地理、城市治理等业务领域，其中驾驶自动化仿真场景库产品已吸引了大众集团、毫末智行等企业使用。苏州实施全国首例车联网路侧数据资产化服务，由路侧设备运营商、数据加工商、数据产品开发商合作开发路侧数据产品，并通过苏州大数据交易所与检测机构、主机厂、驾驶自动化公司等企业完成交易，首批分类场景达20类，首期有效数据生产量为500TB，签约额度为1000万元。

数据交易所为数据变现提供了一条可行路径，运营企业可充分挖掘自身数据资源，结合产业需求有针对性地推出数据产品和服务，从而实现数

1　我市车联网数据产品完成首单交易，《柳州日报》。

据变现和企业资产增值。未来，数据交易所的服务范围和流程将逐步明确，车联网运营企业则会持续推出车联网数据服务，并逐步探索形成标准化的数据产品，形成车联网数据运营的新模式。

图 9-5　柳州市完成的首单车联网数据产品交易

4. 数据空间

在一些敏感的企业和行业数据流通场景下，车企、图商等企业渴望通过数据流通获取多源的数据以提升研发效率和产品性能，但是数据持有方也担心数据给出后无法控制或被过度开发，同时自身收益权无法得到保证。由此，产业界也在不断探索构建一套能支撑数据高效、安全、可控流通的技术体系。

在此背景下，欧洲率先提出国际数据空间（IDS）的概念，试图建立欧洲统一、可信的数据流通空间，在保障数据主权的基础上，通过构建统一架构、统一中间件的数据流通系统实现数据在主体间高效流通和共享。基于此架构，德国主要车企及供应链企业联合研究机构、软件供应商等共同发起成立 Catena-X 联盟，车企及供应链可以通过 Catena-X 实现如碳足迹追踪、供应链追溯、制造即服务（MaaS）等应用。2019 年，日本工业价值链协会发布《互联产业开放框架》（CIOF）。类似于 IDS 架构，CIOF 也提供了一套统一的数据连接器，通过制式化的数据合同明确双方权利，并内嵌到数据连接器中，同时数据连接器可以直接与机器（如 3D 打印机）控制软件连接，能在设计数据不可见的情况下，完成工业产品的制造。2021 年，由工业互联网产业联盟和中国信通院牵头编写的《可信工业数据空间架构1.0》正式发布，可信工业数据空间的概念内涵和系统架构在国内首次被提出，为各工业制造企业构建数据空间提供了参考。四川长虹电子控股集团有限公司据此建立起服务于上下游零部件供应企业数据流通的数据空间平台，实现多个工业软件系统数据汇聚与校验、生产质量数据共享、应付账款可信确权等应用，帮助供应链企业高效生产和快速融资。

构建数据空间的核心是通过统一的数据连接器进行数据流通，主体间通过建设统一的数据流通协议和产品，形成云与云之间的可信可控连接，并在可信的环境中开展各类应用的部署和开发。数据空间内数据流通模式如图 9-6 所示。在具体实践过程中，根据数据保密性和时效性的要求，数据连接器也有不同的形态和功能，如对于设计数据、制造数据等这类具有较高保密要求的数据，需要限制其用途和数据使用时间，对应的数据连接器需要具备数据控制相关的功能，包括但不限于自动合约、远程锁定、自动删除、日志等功能；相对地，如对于交通数据、事件数据、导航数据这类公开或半公开的数据，数据持有方不需要进行远程数据控制，可通过合同或协议约束数据使用方行为，对应的数据连接器可以采用轻量化协议或者直接的 API 对接。

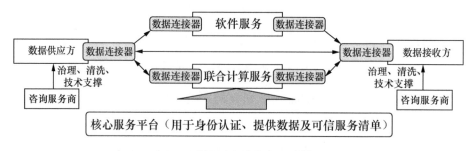

图 9-6　数据空间内数据流通模式

四川长虹电子控股集团有限公司通过建立工业生产领域的数据空间，打通了测试、生产、库存、应付账款、供应商资信和历史交易记录等数据壁垒，既破除了产业链上下游企业之间的信息壁垒，又助力中小微供应商提升授信额度，促进产业链供应链高质量协同发展。以生产质量数据安全共享场景为例，通过数据跨域使用控制技术，依托工业数据空间为供应链各方提供可信可控的数据流通通道，实现代工企业产测、整机质检等生产质量数据对客户可控共享（如图9-7所示）。自应用以来，平台向代工品牌商安全共享超135万台电视生产质量数据，赋能产值超90亿元，强化了电子信息产业链协同能力，提升了产业链韧性与安全水平[1]。

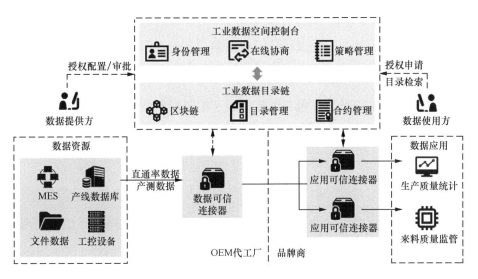

图9-7　数据空间中实现生产质量数据安全共享场景示意

（四）多维技术支撑数据要素价值释放

数据要素价值释放的全生命周期包括数据生产、数据处理与分析、数

1　"数据要素×"典型案例之二 | 打造工业数据空间 赋能产业链上下游发展，国家数据局。

据流通 3 个环节，同时数据安全保障贯穿数据全生命周期管理。

1. 数据生产环节

数据生产环节将完成数据采集、筛选、处理和分析的功能，实现原始数据向数据服务、数据资产的转变。

在数据采集与汇聚方面，人工智能识别、时空时序数据库等技术持续提升数据采集的效率和准确性。人工智能识别有助于筛选潜在价值场景，有效节省数据传输和存储成本、提升训练效率，如百度阿波罗驾驶自动化系统基于人工智能识别技术，对感知数据进行关键信息提取，可对驾驶自动化模型进行针对性训练。时空时序数据库技术能有效汇聚海量感知、定位、授时、地图数据，形成具备时空时序属性的驾驶自动化场景集和交通统计数据，为后续数据挖掘和分析应用奠定基础。百度智能云天工时序时空数据库能存储实时采集的车辆驾驶自动化系统运行状态，借助高精度定位技术和基础地理数据，可在数据库中还原车辆的运行轨迹和场景，实现高效数据分析和算法迭代。

未来，数据生产技术将向更加智能化、动态化的方向发展，将进一步提升数据采集的精度和效率，同时，随着专业大模型的发展，未来数据筛选流程有望部署在车 / 路的边缘侧，在采集的同时对数据进行初步筛选，进一步提高数据采集效率。

2. 数据处理与分析环节

数据价值释放依赖于专业数据治理工具和数据处理模型，针对非结构化、多源数据等进行关键信息提取的高效治理工具将会成为数据商品化、资产化的关键。同时，面向驾驶自动化场景提取、场景泛化以及智能交通优化、决策的相关模型的迭代在一定程度上会影响数据的价值高低。

在数据处理与分析方面，自动化标注、BEV、交通大数据模型等技术持续提升数据处理分析效率。特斯拉的 Auto-Labeling、商汤科技的商汤明眸等自动标注技术，能自动对图像和视频中的交通参与者、车道线、标志等信息进行标注，极大地提升了标注效率，降低了数据处理成本。百度的 UniBEV 技术可对感知数据进行视角和场景转换，将路侧视角数据与车端视角统一到同一个模型中，将车端相机与路口传感器感知信息融合，实现车路一体的端到端感知，支撑复杂城市场景下的自动驾驶。交通大数据模型技术可对交通及车辆流量信息等进行统计分析，实现区域信号优化、交通态势预测等应用。例如，深圳基于交通感知数据实现在线动态交通仿真和路网状态精准预测，并从中还原出交通出行量表、路径等关键信息，支撑信控优化方案选择。

3.数据流通环节

在数据流通环节，车联网通过数据控制、交易等实现数据价值可信流通及融合应用。一方面，以数据连接器为代表的技术通过数据加密、使用规则附加等功能确保数据主权。如 Catena-X 数据空间中的数据连接器能在对数据加密的同时，实现数据跨域的删除、锁定、撤回等操作；华为推出的数据胶囊产品，可将加密后的数据、使用策略、描述信息及校验信息等封装成数据胶囊，实现阅后即焚、定时访问、定点访问、定量访问等功能。另一方面，以可信数据空间为代表的数据流通基础设施快速发展。华为、数鑫科技等企业推出了基于可信数据空间架构的数据交换解决方案，可以在数据主权可控、数据分布式存储的前提下，实现各主体间数据的安全流通和共享。

目前，车联网领域数据流通的基础设施建设还处于起步阶段。产业各方对于数据空间形态、数据流通模式、组织形式仍未形成共识，行业级的数据空间平台和组织还未形成。面向未来车联网数据流通的需求，仍需探索非结构化、高敏感性、高度定制化的数据流通技术和解决方案，推动标准化的数据流通中间件研发和行业级的身份及数据认证平台建设，打造行业化的可信数据流通平台。

4. 数据安全保障

数据安全包括在数据处理和流通过程中涉及的各类安全问题，包括隐私保护、数据脱敏、数据溯源等具体问题。

在隐私保护方面，同态加密、联邦学习、安全多方计算等技术可以探索大模型联合训练，为车联网数据流通过程中的隐私保护提供新的思路。信安世纪、360数科、安恒信息、腾讯云计算等企业建立可信隐私计算平台，并通过"可信隐私计算评测"，解决数据共享过程中的安全、信任和隐私保护问题。

在数据脱敏方面，人工智能等技术对车外人脸、车牌数据进行脱敏处理，可以防止敏感信息泄露，如信长城、格尔软件等推出人脸、车牌快速脱敏算法，助力企业满足隐私信息保护要求。

在数据溯源方面，基于区块链、数字水印等技术保障数据不易篡改，并可以进数据溯源。例如，宝马开发的PartChain区块链项目，通过对零部件企业数据上链，在数据流通时确保零部件来源可溯；中国汽车工业协会以区块链为底层架构开发汽车大数据区块链交互平台，将企业脱敏数据的标签上链，保证数据的确权和不易篡改，实现数据资产的线上交易和线下交割。数据水印技术将标识信息隐藏在结构化数据中，使数据在流通和使用过程中具备可识别分发者、分发对象、分发时间、分发目的等特点。例如，京东安全中心通过在图片中插入水印信息，有效防止敏感图片被轻易转发。

目前，针对图像和视频中的人脸、车牌等敏感信息的脱敏技术已经相对成熟，能够满足小批量数据场景下敏感信息保护需求。但面向大数据场景的信息挖掘和处理技术还未成熟，同时针对车联网数据的分类分级方法、不同等级的安全应对体系还在持续探索，区块链、隐私计算及联邦学习等技术还将持续与车联网数据应用场景相结合，更好地保障车联网数据的安全应用。

▌小结

车联网数据要素价值经历业务贯通、数智决策、数据流通三次释放，在车路云一体化的进程中扮演着尤为重要的角色。面向未来，建议加快开展满足跨行业数据要素交互与交易需求的政策法规研究，探索建立覆盖"人－车－路－云"多环节的车联网数据要素空间基础底座，打造数据流转过程中的信任关系和价值评估体系，着重在汽车生产供应链管理、道路交通信息数据流通、驾驶自动化算法数据流通等方面探索落地应用场景，同时加强数据安全与数据控制共性技术的研发，激发车联网数据要素价值安全释放。

第三篇

应用实践及
模式探索篇

第十章

行业应用实践

　　为持续支撑车联网产业落地，推动技术创新，探索新型应用场景落地路径，并解决产业落地过程中面临的问题，IMT-2020（5G）推进组C-V2X工作组联合行业单位，组织开展C-V2X"四跨"先导应用实践活动（以下简称"C-V2X'四跨'"）和智能车联网开放数据挑战赛。通过C-V2X"四跨"先导应用实践活动，将与C-V2X相关的芯片模组、终端、整车、安全平台、地图定位、密码等厂商联合起来，不断凝练典型应用场景，解决跨行业互联互通问题，支撑整车企业推出量产车型。通过智能车联网开放数据挑战赛，技术爱好者、开发者、科研人员和企业可以共同探索和解决车联网领域的实际问题，促进数据共享，确保交通安全和提升效率，推动智能交通系统的建设和发展。

（一）C-V2X"四跨"先导应用实践活动

1. 活动背景

　　C-V2X功能的实现需基于车与车、车与路等实时信息交换，因此需要保障不同汽车的零部件选型方案实现互联互通。产业链相关上下游企业需要一个跨厂商的技术交流平台来解决互联互通问题。为此，多家行业单位联合组织开展C-V2X"四跨"先导应用实践活动。C-V2X"四跨"先导应用实践活动是 IMT-2020（5G）推进组 C-V2X 工作组、中国智能网联汽车产业创新联盟、全国汽车标准化技术委员会、CCSA、中国通信学会车联网专业委员会、C-ITS 等行业相关单位联合上海、北京、苏州、无锡、柳州、沈阳等先导区 / 示范区运营主体，共同组织的技术验证和应用示范活动，旨在解决不同品牌、不同型号 C-V2X 车辆间的互联互通问题，推进企业优化 C-V2X 产品性能功能，推动跨地域车联网路侧设施提供一致服务。C-V2X"四跨"先导应用实践活动可实现芯片模组、终端设备、整车应用、云控平台以及通信安全等多个层面互联互通。活动还面向社会民众开展试乘试驾体验，普及车联网 C-V2X 场景应用。

自 2018 年以来，C-V2X"四跨"先导应用实践活动连续 7 年分别在上海、苏州、北京、无锡、柳州、沈阳等地开展，超 200 家芯片模组、终端、整车、安全、地图定位类企业参与，万余位政府领导、行业专家、市民观众等参与活动的不同环节。C-V2X"四跨"先导应用实践活动发展历程如下。

2018 年 11 月，C-V2X"三跨"互联互通应用展示活动首次实现了来自不同产业环节、不同国家、不同品牌的跨通信模组、跨终端、跨整车的互联互通，演示场景包括 5 类 V2V 场景（即车辆变道 / 盲区提醒、紧急制动预警、前向碰撞预警、紧急特殊车辆预警、交叉路口碰撞预警）和 2 类 V2I 场景（即车速引导、道路湿滑提醒）。

2019 年 10 月，C-V2X"四跨"互联互通应用示范活动首次实现"跨芯片模组、跨终端、跨整车、跨安全平台"C-V2X 应用展示，并充分展示了国内 C-V2X 全链条技术标准能力，演示场景包括 3 类 V2V 场景（即前向碰撞预警、盲区提醒、故障车辆预警）和 4 类 V2I 场景（即安全限速预警、道路危险状况提示、闯红灯预警和绿波车速引导、弱势交通参与者提醒）等典型的车联网一阶段辅助驾驶基础场景，并增加了关于伪造场景防御的 4

类安全机制验证场景的演示。

2020 年 10 月，C-V2X "新四跨" 暨大规模先导应用示范活动在 2019 年活动开展的基础上，增加地图定位元素，探索在已有芯片模组、终端、整车、安全平台企业基础上，联合地图定位及密码厂商，探索 C-V2X 合规使用地理信息的技术方案，同时活动还验证车联网 C-V2X 规模化运行能力。演示场景聚焦相对成熟的 V2V 和 V2I 应用场景及安全机制验证场景。

2021 年 10 月，C-V2X "四跨"（沪苏锡）先导应用实践活动首次实现国内跨域协同的车联网 C-V2X 规模化先导应用实践，形成了区域协同联动发展效应，演示场景包括典型的车联网一阶段辅助驾驶基础场景和协作式变道、协作式汇入、感知数据共享等车联网二阶段协作式驾驶增强场景。

2022 年，C-V2X "四跨" 先导应用实践活动分别在北京、柳州、苏州、无锡等地开展。重点结合前期发现的问题，本次 C-V2X "四跨" 先导应用实践活动演示场景除包含前期较为成熟的车联网一阶段辅助驾驶基础场景外，重点开展面向车联网二阶段车车协作式、车路协作式驾驶增强场景的测试验证，还包括感知数据共享应用场景，车联网数字人民币，以及智能化、网联化融合的纯路端感知 L4 级无人驾驶和基于 ADAS+V2X 融合的协作式自适应巡航等场景。

2023 年，C-V2X "四跨" 先导应用实践活动分别在北京、沈阳、德清等地开展。本次 C-V2X "四跨" 先导应用实践活动演示场景除包含前期较为成熟的车联网一阶段辅助驾驶基础场景和车联网二阶段协作式驾驶增强场景外，重点面向已量产或具备量产能力的企业，开展 C-V2X 产业合规使用地理信息的验证，探索解决 C-V2X 产业亟须明确合规使用高精度地图保密插件的问题及 2022 年在各地 C-V2X "四跨" 中发现的路侧设施及应用场景方面的问题等。

2024 年，C-V2X "四跨" 先导应用实践活动分别在上海、南京两地开展。

通过为企业提供C-V2X主动安全功能和性能测试、C-V2X通信安全能力验证的封闭场地测试环境，同时，在上海、南京为企业提供涵盖网联信号灯、LTE-V2X RSU、不同等级感知设备的规模化开放道路验证环境，以此支撑参与企业提升产品性能，并验证规模化环境下的产品功能。

C-V2X"四跨"先导应用实践活动参与企业名单如表10-1～表10-6所示。

表10-1　C-V2X"四跨"实验室上层协议一致性和互联互通测试企业名单

序号	企业名称	序号	企业名称	序号	企业名称
1	金溢科技	24	埃特斯	47	车路通
2	星云互联	25	厦门雅迅	48	纬创（Wistron）
3	大唐移动	26	东软集团	49	北理新源
4	中信科智联	27	聚利科技	50	麦腾物联
5	德赛西威	28	Cohda Wireless	51	海康智联
6	Autotalks	29	锐捷网络	52	万集科技
7	均联智行	30	Savari	53	华路易云
8	飞驰镁物	31	李尔	54	华为
9	现代摩比斯	32	广州软件所	55	中汽创智
10	芯驰	33	TITAN	56	经纬恒润
11	电装（中国）	34	广通远驰	57	星河亮点
12	千方科技	35	智道网联	58	杭州鸿泉
13	亿咖通	36	云视车联	59	中电科创智联
14	联友	37	奥迪（中国）	60	广西东华
15	大椽科技	38	博世	61	移远通信
16	高新兴	39	广汽	62	宸芯科技
17	联陆智能	40	村田	63	信长城
18	上汽	41	长城	64	索尼
19	广州软件应用研究院	42	中兴通讯	65	逸驾智能
20	阿尔卑斯阿尔派	43	联创	66	复睿智行
21	商泰汽车	44	上汽大众	67	安富科技
22	百度	45	英泰斯特	68	哈曼（中国）

续表

序号	企业名称	序号	企业名称	序号	企业名称
23	博泰	46	华砺智行	69	弗迪科技

备注：排名不分先后。

表 10-2　开放道路测试企业名单（芯片模组厂商）

序号	芯片模组厂商	序号	芯片模组厂商	序号	芯片模组厂商
1	中信科智联	3	中兴通讯	5	麦腾物联
2	华为	4	移远通信	6	高通
7	高新兴	9	哈曼	11	阿尔卑斯阿尔派
8	Autotalks	10	博世	12	宸芯科技

备注：排名不分先后。

表 10-3　开放道路测试企业名单（终端厂商）

序号	终端厂商	序号	终端厂商	序号	终端厂商
1	华为	22	纬创（Wistron）	43	飞驰镁物
2	东软集团	23	北理新源	44	百度
3	大唐移动	24	斯润天朗	45	延锋伟世通
4	星云互联	25	中兴通讯	46	长沙智驾院
5	君联智行	26	博世	47	Cohda Wireless
6	李尔	27	厦门雅迅	48	金溢科技
7	摩比斯	28	广州中国科学院	49	联创
8	中汽院智能网联	29	阿尔卑斯阿尔派	50	麦腾物联
9	英泰斯特	30	千方科技	51	商泰汽车
10	车路通	31	万集科技	52	哈曼
11	Savari	32	鱼快创领	53	聚利
12	高新兴	33	中移物联	54	广和通
13	中信科智联	34	经纬恒润	55	博泰
14	华砺智行	35	均胜电子	56	联陆智能

续表

序号	终端厂商	序号	终端厂商	序号	终端厂商
15	星河亮点	36	Murata	57	海康智联
16	联友	37	中国移动	58	安富科技
17	TITAN	38	埃特斯	59	希迪智驾
18	中汽创智	39	睿驰	60	复睿智行
19	广汽研究院	40	亿咖通		
20	广州软件所	41	Autotalks		
21	华路易云	42	德赛西威		

备注：排名不分先后。

表 10-4　开放道路测试企业名单（整车企业）

序号	整车企业	序号	整车企业	序号	整车企业
1	东风	20	奇瑞商用车	39	雄狮
2	柳汽	21	广汽合创	40	一汽解放
3	北京现代	22	福特（中国）	41	起亚
4	江淮	23	广汽	42	上汽通用
5	南京依维柯	24	阿利昂斯	43	江铃雷诺
6	广汽新能源	25	奥迪（中国）	44	沃尔沃
7	一汽	26	北汽	45	东风标致
8	上汽大众	27	奇瑞	46	北汽新能源
9	阿里昂斯	28	蔚来	47	长城
10	华人运通	29	一汽红旗	48	东风柳汽
11	上汽大通	30	北汽股份	49	中智行
12	现代	31	宝马	50	长安
13	雷诺日产三菱联盟	32	菲亚特克莱斯勒	51	标致雪铁龙
14	东风雪铁龙	33	小鹏	52	广汽蔚来
15	合众	34	一汽大众	53	东风风神
16	Stellantis集团	35	广汽三菱	54	本田
17	上汽通用五菱	36	宝沃汽车	55	华晨

续表

序号	整车企业	序号	整车企业	序号	整车企业
18	上汽	37	捷豹路虎	56	戴姆勒
19	通用	38	吉利		

备注：排名不分先后。

表 10-5　开放道路测试企业名单（安全平台企业）

序号	安全平台企业	序号	安全平台企业	序号	安全平台企业
1	信大捷安	5	国汽智联	9	中睿智能
2	磐起	6	北京仁信证	10	中国电信
3	数字认证	7	晟安信息	11	吉大正元
4	格尔软件	8	信长城	12	中交国通
13	百度	17	卫士通	21	天威诚信
14	中汽中心	18	大唐移动	22	江苏先安
15	江苏ITS	19	格尔	23	中国汽研
16	中睿智能	20	信安世纪		

备注：排名不分先后。

表 10-6　开放道路测试企业名单（地图定位企业）

序号	地图定位企业	序号	地图定位企业	序号	地图定位企业
1	百度	4	中海庭	7	晶众
2	高德	5	易图通	8	六分科技
3	四维图新	6	千寻	9	中国移动上海产业研究院

备注：排名不分先后。

2018—2020 年，C-V2X 实践活动主要聚焦车联网一阶段辅助驾驶安全、效率、信息服务三大类典型应用场景开展技术验证；2021—2023 年，逐步探索开展车联网二阶段面向协同控制和自动驾驶类场景的验证，以及持续探索 C-V2X 合规使用地理信息的技术方案。C-V2X "四跨"先导应用实践活动的持续开展为芯片模组、终端、整车、安全平台、地图定位等厂商提供了技术交流平台，支撑多家企业解决互联互通问题，见证了中国一汽、蔚来、广汽集团、奥迪、大众等车企量产车型的推出。此外，

C-V2X"四跨"先导应用实践活动得到了国内主流媒体，包括央视、汽车报以及地方媒体的关注，同时国外机构包括 5G 汽车联盟（5GAA）等对此也进行了相关宣传与报道。

此外，早在 2018 年，奥迪、杜卡迪、爱立信、SWARCO、凯泽斯劳滕工业大学和高通共同在德国英戈尔施塔特开展欧洲首个摩托车、汽车和路侧基础设施间的 C-V2X 直接通信互操作性现场演示活动，展现了摩托车与汽车之间的交叉路口碰撞预警场景。2019 年，德国宝马、戴姆勒、奥迪等汽车生产企业作为 5G 汽车联盟成员单位，在德国柏林、意大利都灵举办的 5GAA C-V2X 应用演示活动中开展多厂商互联互通测试活动，对闯红灯预警、紧急车辆预警等实时紧急预警，基于 MEC 的实时数据采集和传输，遥控驾驶等多种类型的 C-V2X 应用解决方案进行验证。2022 年 3 月，5GAA 和 ETSI 在德国克莱特维茨联合举办了第三届 ETSI C-V2X 互操作试验活动，旨在对多款车载单元（OBU）、路侧单元（RSU）、公钥基础设施（PKI）开展互联互通测试。OmniAir Consortium[1]（OmniAir 协会）在美国密歇根安娜堡的 M 城市（Mcity）持续开展测试活动，测试项目包括前向碰撞预警、紧急电子制动灯、盲区预警、闯红灯预警、减速区提示、车道封闭预警、左转辅助等，参与厂商及单位包括 Omniair 协会授权认可的测试实验室、OBU 和 RSU 厂商及车企等。此外，该协会还组织开展安全凭证管理系统（SCMS）互操作性测试活动，参与厂商包括 AUTOCRYPT、Integrity Security Services、Microsec 和 SAESOL。

2. 测试内容

C-V2X"四跨"先导应用实践活动为行业发展搭建了"实验室-封闭

---

1 OmniAir Consortium 是设在美国的一个行业协会，致力于推动智能交通系统（ITS）、收费和互联车辆的互操作性和认证测试。

场地 - 开放道路"三级测试环境，它开展的测试内容有通信终端级协议互联互通和大规模通信性能测试、整车级封闭场地大规模通信性应用测试、整车级开放道路应用测试（含一阶段、二阶段及前瞻应用场景）。

（1）实验室测试内容

实验室测试内容包括射频协议一致性测试、上层协议一致性和互联互通测试以及大规模通信性能测试等。中国信通院依托车联网技术创新与测试评价工业和信息化部重点实验室，在 C-V2X "四跨" 先导应用实践活动中为 C-V2X 设备厂商、车企提供一站式检测服务，形成了体系化检测能力，通过测试公共服务为技术产业成熟保驾护航。具体如下。

① 射频协议一致性测试

中国信通院依据 3GPP 和 CCSA 规定的 C-V2X 物理层标准开展测试，测试内容如表 10-7 所示，为活动参与终端设备提供发射机、接收机射频标准符合性及抗干扰测试，助力 C-V2X 终端和模组厂商发现射频中面临的相关问题，提升 C-V2X 产品射频性能。

表 10-7　射频协议一致性测试内容

序号	安全平台	序号	安全平台	序号	安全平台
1	最大发射功率	9	误差矢量幅度	17	接收灵敏度
2	最大功率回退（MPR）	10	载波泄露	18	最大输入电平
3	终端配置发射功率	11	邻道抑制比	19	带内阻塞
4	最小输出功率	12	非分配资源块（RB）的带内辐射	20	杂散发射
5	发射机关断功率	13	误差向量幅度（EVM）均衡器频谱平坦度	21	杂散发射带 UE 共存
6	发射开关时间模板	14	占用带宽	22	临道选择性
7	绝对功率容差	15	频谱发射模板	23	杂散响应
8	频率误差	16	杂散辐射	24	带宽互调

　　射频协议一致性测试主要参考标准如下：3GPP TS 36.521-1 无线电收发一致性测试、3GPPTS 36.508 用户设备一致性测试的通用测试环境、3GPPTS 36.101-1 终端设备的收发一致性测试；《基于 LTE 的车联网无线通信技术 支持直连通信的车载终端设备测试方法》（YD/T 3848-2021）、《基于 LTE 的车联网无线通信技术 支持直连通信的路侧设备测试方法》（YD/T 3847-2021）。

　　② 上层协议一致性和互联互通测试

　　上层协议一致性和互联互通测试依据国内 LTE-V2X 消息层（一阶段 & 二阶段）、网络层、安全层标准开展，支持发现不同厂商 C-V2X 车载终端和路侧设备的标准符合性以及互联互通中面临的问题，协调解决不同厂商设备间的互联互通面临的问题。测试系统如图 10-1 所示。

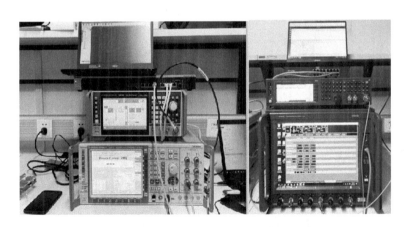

图 10-1　C-V2X 上层协议一致性和互联互通测试系统

　　其中，网络层协议测试包括待测件发送专用短消息（DSM）、被测设备（DUT）解析 DSM；应用注册测试、管理信息库（MIB）维护测试。安全层协议测试包括待测件签发安全协议数据单元（SPDU）、待测件验签 SPDU、安全消息验证测试。消息层协议测试包括车联网一阶段辅助驾驶基础场景车辆基本安全消息（BSM）测试、地图消息（MAP 消息）测试、信号灯相位和配时消息（SPAT 消息）测试、路侧单元信息（RSI）测试、路侧安全消息（RSM）测试，以及车联网二阶段协作式驾驶增强场景中车辆意图和请求消息（VIR 消息）测试、路侧协调消息（RSC 消息）测试、感知共享消息（SSM）测试。

③ 大规模通信性能测试

实验室大规模通信测试（测试系统如图 10-2 所示）是指在实验室环境下，利用综测仪模拟周围多车搭载 C-V2X 设备工作的真实物理信号环境，结合其他测试仪表，对被测 C-V2X 设备消息收发情况进行测试统计，分析被测设备的丢包率、端到端时延等关键指标（详细指标描述见表 10-8），验证 C-V2X 设备在大规模通信环境下接收和发送性能，助力企业检验产品在面临交通拥堵极端情况下的持续、可靠、稳定运行能力。

图 10-2　实验室大规模通信测试系统

目前大规模通信性能测试支持自定义背景车数量和背景消息类型，支持构建 200 车以上的严苛通信环境（即测试环境支持每秒发出 2000 条以上的车辆 BSM）。

表 10-8　实验室大规模通信测试详细指标描述

测试指标	指标描述
信道忙率	由终端直接实时上报至采集分析平台，反映当前车辆所处位置的信道状态
空口时延	终端A空口发送数据到终端B空口接收数据的时间延迟
端到端时延	终端A组装数据包并准备签名到终端B接收该数据包并验签的时间延迟
发包间隔	终端发送的前后两条连续的数据包的时间间隔
收包间隔	终端A接收终端B前后两条数据包的本地系统时间间隔
丢包率	终端A未能成功接收到终端B所发送的数据包个数与终端B发送总包数的比率
签名时延	终端对发送数据包签名的耗时
签名成功率	终端成功签名数据包个数与总签名次数的比率
验签时延	终端对接收到的数据包验签的耗时
验签成功率	终端成功验签数据包个数与总验签次数的比率

（2）封闭场地测试验证内容

① 封闭场地大规模通信性能测试

封闭场地大规模通信性能测试主要是指通过在封闭场地内部构建大规模背景车环境，一方面，测试被测单元与背景车、路侧设备以及被测单元在多种车辆驾驶场景下的通信性能，重点统计丢包率、时延等技术指标；另一方面，测试被测单元车车、车路通信的典型场景触发情况。通过两方面的测试，验证被测单元在大规模环境下的通信性能与应用功能的稳定触发能力。

② 封闭场地应用场景调试

封闭场地应用场景调试主要是在实验室上层协议一致性和互联互通测试的基础上，在封闭场地内搭建小型测试验证环境，供活动参与企业验证各字段填充的准确性，以及验证各应用场景是否正常触发。封闭场地应用场景调试主要保障了开放道路测试与演示场景的顺利开展，以及企业车辆和人员开放道路的行驶安全。

（3）开放道路测试验证内容

① 车联网一阶段辅助驾驶基础场景

在开放道路环境下，开展实车车联网一阶段辅助驾驶基础场景测试验证，包括车车通信的前向碰撞预警、左右侧盲区预警／变道辅助、紧急车辆提醒、故障车辆预警等，车路通信的红绿灯信息推送、绿波车速引导、闯红灯预警、弱势交通参与者碰撞预警、限速提醒、前方学校提醒、前方人行横道提醒、前方施工提醒、注意合流提醒、游乐场提示、道路禁停提醒、事故多发提醒、减速让行提醒等。

② 车联网二阶段协作式驾驶增强场景

在开放道路环境下，开展实车车联网二阶段协作式驾驶增强场景测试验证，包括车车通信协作式变道，车路通信感知数据共享、协作式变道、协作式汇入、车道预留、协作式优先车辆通行等。

③ 前瞻新型应用场景

车联网 C-V2X 新型应用场景测试内容主要是指在车车／车路两侧实现互联互通，车路两侧感知、协作能力不断提升的情况下，开展面向智能化、网联化融合以及车联网商用闭环场景的前瞻技术测试验证，例如，基于纯路端感知的 L4 级无人驾驶应用场景、基于 ADAS＋V2X 融合的协作式自适应巡航、车联网数字人民币等。

3. 活动成效和在活动过程中发现的问题

2018 年以来，C-V2X "四跨" 先导应用实践活动见证了 C-V2X 产业发展取得的阶段性成效。一是车联网 C-V2X 标准体系不断完善，包括接入层、网络层、消息层、安全层等技术标准，现阶段已基本能够支撑先导性产业应用。二是实车应用场景分阶段走向成熟，车联网一阶段辅助驾驶基础场景具备量产能力，二阶段协作式驾驶增强场景及新型应用场景被持续验证，不断探索前瞻性应用场景。三是车联网 C-V2X 身份认证和安全信任体系基本建立，该活动依托工业和信息化部车联网安全信任根管理平台，实现跨企业、跨地区互信互认互通范围逐步扩大。四是车联网路侧基础设施服务日臻完善，路侧信息提示内容不断丰富，路侧感知精度不断提升。

（1）C-V2X"四跨"先导应用实践活动成果

① 车联网 C-V2X 标准标系不断完善

2018 年以来，C-V2X"四跨"先导应用实践活动推动车联网 C-V2X 系列标准不断完善，一方面，该活动进一步加深了各参与企业对标准的理解；另一方面，该活动促进标准修订和完善。2022 年 C-V2X"四跨"先导应用实践活动依据标准见表 10-9。目前 LTE-V2X 接入层、网络层、消息层、安全层、应用场景数据交互等技术标准已经能够支撑车联网 C-V2X 一阶段辅助驾驶基础场景、二阶段协作式驾驶增强场景等应用实现。

表 10-9　2022 年 C-V2X"四跨"先导应用实践活动依据标准

类型	标准名称	标准状态
总体	基于LTE的车联网无线通信技术 总体技术要求	YD/T 3400—2018
接入层	基于LTE的车联网无线通信技术 空中接口技术要求	YD/T 3340—2018
	基于LTE的车联网无线通信技术 支持直连通信的路侧设备技术要求	YD/T 3755—2024
	基于LTE的车联网无线通信技术 支持直连通信的车载终端设备技术要求	YD/T 3756—2024
网络层&消息层	基于LTE的车联网无线通信技术 网络层技术要求	YD/T 3707—2020
	基于LTE的车联网无线通信技术 消息层技术要求	YD/T 3709—2020

续表

类型	标准名称	标准状态
安全层	基于LTE的车联网无线通信技术 安全证书管理系统技术要求	YD/T 3957—2021
应用场景	合作式智能运输系统 车用通信系统应用层及应用数据交互标准（第一阶段）	T/CSAE 53—2020
	合作式智能运输系统 车用通信系统应用层及应用数据交互标准（第二阶段）	T/CSAE 157—2020
技术要求	基于LTE的车联网无线通信技术 直连通信系统路侧单元技术要求	T/CSAE 159-2020
	基于LTE-V2X直连通信的车载信息交互系统技术要求及试验方法	审查

② 实车应用场景分阶段走向成熟

历经多年 C-V2X "四跨"先导应用实践活动验证，活动参与企业普遍可以稳定实现车联网一阶段辅助驾驶基础场景，例如，前向碰撞预警、盲区预警、绿波车速引导、红绿灯信息提示、车内标牌等，车联网一阶段辅助驾驶基础场景（如图 10-3 所示）加速实现量产，不同品牌车型无障碍实现互联互通。自 2021 年 C-V2X "四跨"先导应用实践活动首次验证车联网二阶段协作式驾驶增强场景（如图 10-4 所示）以来，二阶段感知数据共享、车车 / 车路协作式变道、车道预留等场景数据交互流程更加清晰，企业实现度不断提升，逐步探索解决"鬼探头、转弯盲区"等单车感知瓶颈问题。前瞻应用场景不断丰富，基于 ADAS+V2X 融合的协作式自适应巡航应用场景（如图 10-5 所示）取得实质进展，车联网数字人民币应用场景（如图 10-6 所示）、纯路端感知 L4 级无人驾驶应用场景（如图 10-7 所示）开展原型验证，不断推动 C-V2X 融合技术应用落地。

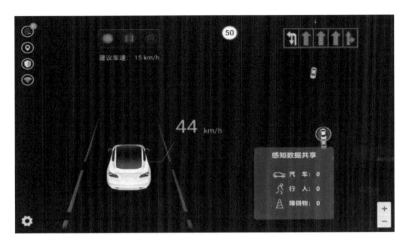

图 10-3 车联网一阶段辅助驾驶基础场景

图 10-4 车联网二阶段协作式驾驶增强场景

图 10-5 基于 ADAS+V2X 融合的协作式自适应巡航应用场景

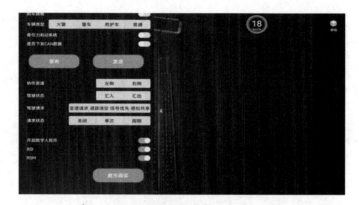

图 10-6　车联网数字人民币应用场景

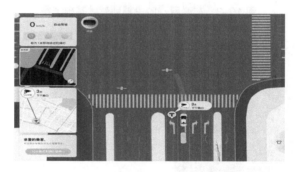

图 10-7　纯路端感知 L4 级无人驾驶应用场景

③ 车联网 C-V2X 身份认证和安全信任体系基本建立

自 2019 年 C-V2X"四跨"先导应用实践活动实现安全信任体系验证后，各企业、各地区车联网身份认证基础设施不断健全，终端安全通信机制逐步规范。依托 2021 年工业和信息化部"车联网身份认证和安全信任试点工作"，中国信通院支撑建立车联网安全信任根管理平台（如图 10-8 所示），接入 40 余个安全信任根，覆盖国家级车联网先导区、智能网联汽车示范区以及"双智"试点城市超 10 余个，通过历次在多地举办的 C-V2X"四跨"先导应用实践活动，有效支撑实现 C-V2X 跨企业、跨地区互信互认互通技术验证，推动 C-V2X 产业身份认证和安全信任体系基本建立。

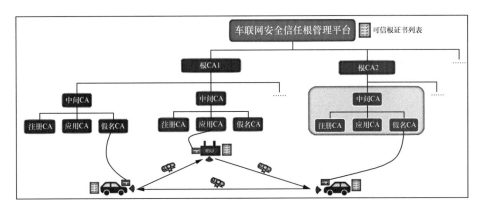

图 10-8 车联网安全信任根管理平台示意

④ 车联网路侧基础设施服务日臻完善

自 2018 年 C-V2X "四跨" 先导应用实践活动对上海、北京、柳州、苏州、无锡、沈阳等地基础设施进行了充分测试验证，推动六地车联网路侧基础设施符合相关技术标准，六地车联网路侧基础设施可以稳定地提供红绿灯状态、路侧标志标牌等基础信息，路侧感知能力快速提升，行人、机动车、非机动车等交通参与者识别精度不断提升，为后续更多类型的车联网应用场景落地提供基础，同时，苏州、无锡等地结合智能化路侧设施开展智能化、网联化场景的融合应用。

（2）在 C-V2X "四跨" 先导应用实践活动中发现的问题

① 车联网路侧基础设施消息内容配置不规范

通过 2022 年、2023 年以及 2024 年 C-V2X "四跨" 先导应用实践活动期间对各主办城市路侧基础设施的技术测试结果发现，部分路口存在消息内容填充不规范、播发周期与标准不一致、消息稳定性不足等问题，这些问题将影响车端应用的实现，具体如下。

• 地图消息（MAP 消息）配置不规范

如图 10-9 所示，在实践活动中，发现存在 MAP 消息中车道转向定义错误，对多个相邻车道均定义为全向车道，与实际道路情况不符；MAP 消息中道路停止线与实际道路停止线位置信息不一致等问题。

图 10-9　MAP 消息配置不规范

a. 区域连贯性缺乏规划布局

如图 10-10 所示，在实践活动中，发现部分网联区域 MAP 消息连贯性低，例如，连续的两个路口 MAP 消息中"连接关系"填写错误，不能正确引导车辆驶向下一个路口；相邻路口 MAP 消息中"下游路口"信息填写错误，影响车端对整体路网的判断，干扰功能场景触发。

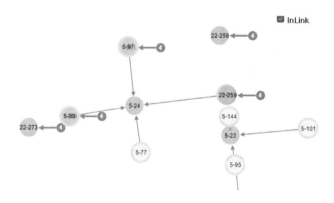

图 10-10　路口之间信息配置错误

b. 道路信息表述方式不统一

在实践活动中，发现 MAP 消息中多种路况描述存在"车－路"理解差异，例如，在实际道路中的车道数量变化情况下，路端使用不同的描述方式，影响车端盲区预警等应用触发，如图 10-11 所示；对于标准中并未明确规定的"待驶区"存在多种表达方式，影响车端对于红绿灯相关应用触发。

图 10-11 车道数量变化的描述方式不统一

c.道路信息配置错误 / 不准确

在实践活动中，发现存在 MAP 消息中对于道路信息细节配置错误，例如，车道宽度、车道允许转向属性等字段配置错误，影响车端对于道路信息理解及功能场景触发；路口中心点位配置错误，影响车端对于路口形态判断，如图 10-12 所示。

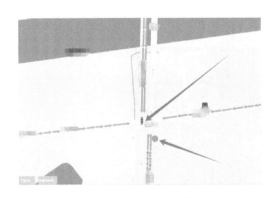

图 10-12 路口中心点配置不准确

● 信号灯相位和配时消息（SPAT 消息）配置问题

a.信号灯相位和配时消息（SPAT 消息）中红绿灯消息不准确

如图 10-13 所示，在实践活动中，发现存在 SPAT 消息与实际红绿灯状态不符、漏定义信号灯相位信息等情况，导致 OBU 收到的信号灯信息与真实的信号灯信息存在误差，可能造成驾驶员信息误判、发生交通危险。

图 10-13　漏定义信号灯相位信息

b. 信号灯相位和配时消息（SPAT 消息）中黄灯状态表达不准确

如图 10-14 所示，路口信号灯为常闪烁黄灯，提示驾驶人需要在确认交通安全的情况下方可通过路口，但 SPAT 消息中定义为长周期黄灯，与实际情况不符，易导致 OBU 触发闯红灯预警等。

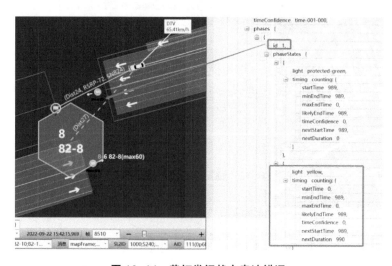

图 10-14　黄灯常闪状态表达错误

c.信号灯相位和配时消息（SPAT 消息）来源需优化

路口信号灯在高峰期或特定情况下经常会进入手控灯模式，现阶段通过信号灯学习机方案读取信号灯数据，无法及时读取手控模式并切换 SPAT 消息状态，易导致车端触发闯红灯预警等。

- 路侧单元信息（RSI）配置问题

a.路侧单元信息（RSI）不准确

如图 10-15 所示，RSI 中 Description（事件补充描述）字段异常，交通事件应采用《道路交通信息服务 交通事件分类与编码》（GB/T 29100—2012）中的格式，枚举出交通事故、交通灾害、交通气象、路面状况等事件，补充描述不准确易导致车内标牌提示不准确或错误。

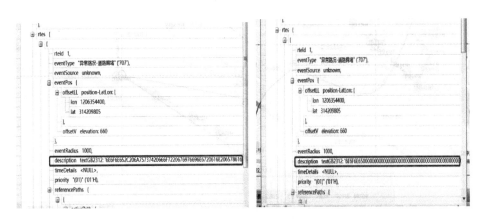

图 10-15　RSI 配置不准确

b.路侧单元信息（RSI）涵盖范围过大

如图 10-16 所示，多处 RSI 内容填充包含区域内道路交通标志信息对象的全集，导致 RSI 长度增大，加大了 OBU 运算量，容易导致场景触发故障。

195

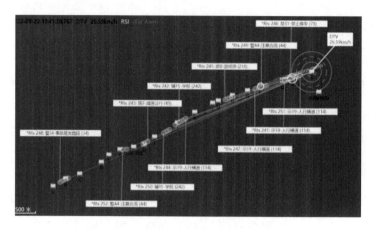

图 10-16　RSI 涵盖范围过大

- 感知共享消息（SSM）配置问题

a. 感知区域重叠导致 SSM 重复

如图 10-17 和图 10-18 所示，当两处或多处路侧感知设施部署范围较近时，容易出现感知区域重叠问题，即当相邻感知设施识别重叠区域交通参与者时，会以不同的身份标识（ID）重复发送实际为同一交通参与者的状态信息，导致车端收到多于实际情况的交通参与者信息，对事件触发和场景判断产生影响。

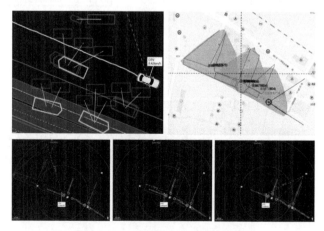

图 10-17　路侧感知区域重叠问题

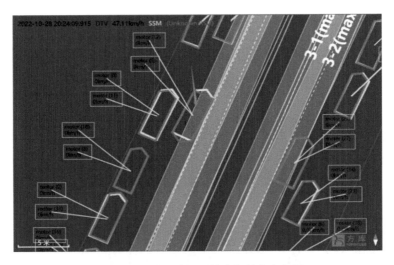

图 10-18　路侧感知到的车辆航向角不同

b. SSM 配置异常

如图 10-19 所示，部分 SSM 中存在传感器位置、路侧设备 ID 配置错误问题，易导致 OBU 作出错误判断及决策。

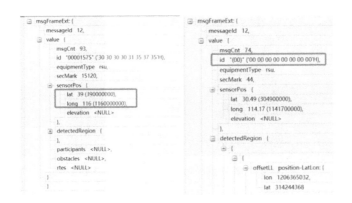

图 10-19　传感器位置及路侧设备 ID 配置错误

② 智能化路侧设施感知精确度不足

• 交通参与者定位偏差波动较大

如图 10-20 所示，由于每个点位感知设备方案及厂商传感器整合能力

197

差异，路侧设备对交通参与者的定位、速度、航向角、尺寸等识别精度方面存在较大差异；如图 10-21 所示，部分厂商感知设备出现在约定的未遮挡感知范围内，丢失正常行驶的车辆数据情况。

图 10-20　定位精度误差可视化

图 10-21　感知范围内丢失正常行驶的车辆数据

- 路侧感知融合算法仍需持续优化

在实践活动中，发现路侧感知系统对于路口中心处存在的交通参与者出现漏检的情况。如图 10-22 所示，仅在单方向存在遮挡情况下，待转区内排队车辆部分时间丢失，导致 OBU 收到的 RSM 与真实的道路交通参与者存在差异，可能造成车端信息误判、发生交通危险。

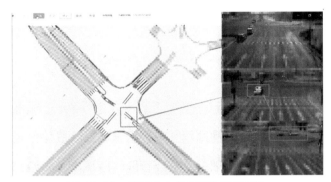

图 10-22　路口中心车辆部分时间丢失

③ 应用场景仍需进一步打磨优化

● 车联网一阶段辅助驾驶基础场景尚缺乏整车应用技术标准

在现场体验发现，参与活动各企业车联网一阶段辅助驾驶基础场景实现相对比较稳定，但仍然存在报警时机不准确、不统一、频繁报警等现象，影响用户体验。前向碰撞预警、盲区预警、红绿灯信息提示等典型场景缺乏相关的指标要求、触发时机及测试方法等相关的标准，企业应用实现水平参差不齐。

● 车联网二阶段协作式驾驶增强场景仍需进一步验证完善

感知数据共享场景技术标准需要行业规范统一。 在活动现场发现，演示路线部分路段存在路口间感知区域重叠、一阶段 RSM 与二阶段 SSM 内容重复等技术问题，目前行业尚未形成统一的技术规范，需要进一步讨论形成行业统一标准，并在后续活动中验证完善。

基于二阶段消息的协作式增强驾驶仍需不断完善。 在现场测试发现，参与活动各企业基本实现了二阶段协作式消息的互联互通，但二阶段消息与汽车驾驶控制的深度融合实现度不佳。例如，感知数据共享场景，大部分企业主要实现了接收路侧广播的行人、机动车、非机动车等交通参与者信息，但基于上述信息进行驾驶决策判断从而辅助解决"鬼探头"等单车感知瓶颈的技术方案实现效果不佳。

4. 未来测试方向研判

IMT-2020（5G）推进组 C-V2X 工作组将继续联合行业相关单位，在延续已开展的车联网一阶段辅助驾驶基础场景、二阶段协作式驾驶增强场景及前瞻新型应用场景的基础上，结合智能网联汽车"车路云一体化"应用试点工作，并紧跟产业发展需求，助力智能网联汽车产业规模化，重点从以下3个方面开展工作，共同推动产业落地。

（1）推进车联网基础设施多区域服务一致及信息共享

搭建车联网道路基础设施信息共享平台，助力实现全国范围服务一致与信息共享。一方面，通过搭建车联网道路基础设施信息共享平台，收集各地车联网／智能网联汽车平台公司、地方业主的路侧设施配置情况，包括路口、路段处设备配置情况，例如，边缘计算设备（MEC）、路侧单元、激光雷达、摄像头、毫米波雷达和是否正常在线的状态等，以及路口、路段处 RSU 播发的消息和功能实现等。另一方面，定期组织国内外车企在已上报车联网路侧设施的城市开展功能验证活动，并上报功能验证过程中发现的路侧设施问题。同时，企业可以到具备路侧设施的地区随机开展功能验证，通过众包的机制不断发现各地问题并解决问题。最终推动建立车联网道路基础设施信息共享平台，支撑车企在特定地区发布量产车型。

深入研究车联网路侧数据质量规范和运维方案。依托各先导区、示范区已建成基础设施，结合 C-V2X"四跨"先导应用实践活动过程中发现的问题，拉通"车-路"双方对现行消息集理解，深入探索消息集的应用描述和兼容需求，提升全国范围内路侧消息准确性，提出路侧应用服务数据常态化运维方法；同时，推动车端 C-V2X 协议栈形成全国一致版本。2024

年，IMT-2020（5G）推进组 C-V2X 工作组将通过车联网路侧应用服务数据质量规范和评测方法的在研课题，适时发布路侧应用服务数据质量规范、评测及场景描述方法等。根据道路场景明确路端数据填写规范，协同先导区、示范区进行路侧应用服务数据质量验证，形成常态化运维方法，从而实现各地方车联网道路基础设施服务一致。

对各地路侧设施进行常态化的测试验证，保障路侧设施服务可持续。对于持续建设的示范区、先导区等，有针对性地对各类智能化路侧设施、城市的云控基础平台及安全监测平台等建设内容，开展数据质量、标准符合性、服务一致性等方面测试验证；对于处于运维管理阶段的先导区、示范区等，针对智能化路侧设施在线率、数据质量、网络质量、云平台服务持续性等，开展常态化监控和日常巡检，同时根据异常状况推动地方建立快速响应机制，确保各类基础设施、车辆、云平台等持续正常运行，满足各类场景应用需求，从而支撑各地"车路云一体化"可持续运营。

（2）持续开展 C-V2X "四跨"先导应用实践活动

通过北京、沈阳、德清站 C-V2X "四跨"先导应用实践活动现场发现，仍有部分企业因对 C-V2X 一阶段、二阶段部分消息内容理解不一致而出现跨厂商间不互通的问题。2024 年，IMT-2020（5G）推进组 C-V2X 工作组将继续联合行业相关单位，在具备良好车联网道路基础设施的城市，结合以往测试过程中发现的问题及企业诉求，持续组织开展车联网一阶段辅助驾驶基础场景、车联网二阶段协作式驾驶增强场景、前瞻新型应用场景的互联互通测试及应用示范活动，助力企业不断完善各项场景，提升产品性能。

（3）持续探索验证基于 C-V2X 的前瞻应用场景并推进规模化落地

基于我国智能网联汽车"车路云一体化"发展思路，结合产业最新研发动态，进一步探索基于 C-V2X 的智能化与网联化融合的高价值应用场景。通过为企业搭建测试验证环境，进一步开展车联网数据价值挖掘，通过比赛挖掘路侧感知数据的高效识别算法，不断开拓基于路侧数据的车联网应用方案；探索路侧数据应用驾驶自动化算法训练等。同时进行企业安全通信和异常行为管理能力方面的测试验证。

（二）智能车联网开放数据挑战赛

1. 赛事背景

智能车联网开放数据挑战赛是一项重在挖掘车联网路侧数据价值的全国性赛事，由 IMT-2020（5G）推进组 C-V2X 工作组、中国汽车工业协会主办，先导（苏州）数字产业投资有限公司、中国信通院承办，中国计算机学会智慧交通分会、中国通信学会车联网专业委员会、苏州智行众维智能科技有限公司、天翼交通科技有限公司、清华大学苏州汽车研究院、中国信通院车联网创新中心（成都）有限公司、北京亮道智能汽车技术有限公司、众链科技（北京）有限公司、苏州柏川数据科技有限公司共同协办。首届赛事以"数据创新激层浪，网聚车联新未来"为主题，设置了"感知识别""应用创新"2 大赛道、6 个专项赛题。

智能车联网开放数据挑战赛通过开放真实世界的车联网数据，吸引全球技术爱好者、开发者、科研人员和企业参与，共同探索通过数据应用解决车联网领域的实际问题。

2. 赛事目标

智能车联网开放数据挑战赛旨在通过赛事，挖掘车联网路侧数据的价值，发掘具有创新性、实用性的车联网路侧数据应用方案，探索面向不同需求主体的数据服务模式，包括服务于智能交通和智慧城市治理的管理侧需求，服务于智能网联汽车等产品研发需求，服务于物流运输、保险计费等商业化衍生需求等。

3. 赛事内容

智能车联网开放数据挑战赛的赛题设计涵盖应用创新和感知识别2个主要方向，应用创新赛道重点面向提升汽车产品智能水平、提升交通系统安全效率两大方面，由参赛者基于赛事提供数据形成技术创新方案并开展实际验证，感知识别赛道聚焦于挖掘面向路侧原始感知数据的高水平识别算法，驱动路侧感知算法演进，服务于车路协同驾驶自动化技术创新。

（1）应用创新赛道

应用创新赛道设置了交通出行优化、应用场景挖掘和感知数据脱敏3个赛题，旨在利用开放的路侧感知数据集和交通流数据集，通过技术研发和实测验证，形成创新解决方案，提升交通管理效率和安全性。参赛队伍根据所选赛题内容，设计相应解决方案，并基于赛事提供的路侧数据集开展实测验证，证明所设计方案的可行性、实用性、创新性。比赛通过"现场展示＋答辩"的形式，由参赛者展示技术方案和实际验证结果并答疑，评审专家根据方案的创新性、完整性、实用性及社会效益等方面综合评分。

① 交通出行优化赛题

交通出行优化赛题旨在通过智能技术提升交通系统的效率和环保性能。参赛者需要基于赛事提供的交通流数据集，提出高效、环保的新一代智能交通解决方案，并通过仿真等方式进行技术验证。方案方向包括但不限于以下几个方面。

- 交通流量预测：参赛者需要利用机器学习和深度学习算法，对交通流量进行预测。这不仅要求对大数据进行处理，还要考虑到短期和长期交通流量的变化趋势，以帮助交通管理部门提前采取措施，优化道路使用效率。高精度的流量预测可以有效减少交通拥堵，提高出行效率。

- 交通信号优化：设计智能交通信号控制系统，通过实时数据分析，动态调整信号灯配时，减少车辆等待时间和交通拥堵现象。这一任务需要参赛者考虑复杂的城市交通流量模式，通过优化算法（如强化学习）提升交通信号的适应性和响应速度，从而显著改善交通流动性。

- 碳排放预测：开发基于交通流量数据的碳排放预测模型，评估不同交通管理策略对碳排放的影响，推动绿色交通的发展。参赛者需提出能够量化交通活动对环境影响的方法，通过模拟不同的交通方案，找到最环保的交通管理策略。

为了验证方案的可行性和实用性，参赛者需利用仿真平台对其解决方案进行测试，并展示优化后的交通流量变化和碳排放减少情况。在决赛阶段，参赛者通过现场展示和答辩，向评审专家展示其方案的创新性、完整性和实际效果。

② 应用场景挖掘赛题

应用场景挖掘赛题鼓励参赛者基于路侧数据集和交通流数据集，深入挖掘数据的新型应用场景，并提出具有创新性的新型场景方案。参赛者需要通过仿真等方式进行技术验证，方案方向包括但不限于以下几个方面。

- 交通管理：利用数据分析技术，提出新的交通管理策略，如动态道路收费、智能停车系统等，提升城市交通管理水平。参赛者需设计智能化解决方案，通过数据驱动的管理策略，实现交通流量的动态调控，提升城市交通的效率和安全性。

- 公共安全：开发基于路侧感知数据的公共安全应用，如异常行为检测、交通事故预警系统等，提高公共安全防范能力。这一任务要求参赛者利用先进的图像处理和行为分析技术，及时发现潜在的安全威胁，并通过智能预警系统迅速做出响应。

- 商业分析：挖掘路侧数据在商业领域的应用潜力，如广告投放策略优化、商圈客流分析等，为企业提供数据驱动的商业决策支持。参赛者需要结合交通流量数据，分析商圈的客流特点，优化广告投放策略，提升商业运营效率。

参赛者需展示其方案在实际应用中的效果和价值，通过仿真平台或实际测试，证明方案的创新性和实用性。在决赛阶段，参赛者通过现场展示和答辩，向评审专家展示其技术方案的实际应用效果和社会效益。

③ 感知数据脱敏赛题

车联网路侧采集数据包含自然人特征、车辆特征等敏感数据，需要进行脱敏以保障数据合规应用。感知数据脱敏赛题要求参赛者基于赛事提供的数据集，针对车牌号、人脸等敏感数据提出创新、高效的脱敏方案。参赛者需要通过相关工具进行技术验证，确保数据在脱敏后的合规性和实用性。方案方向包括但不限于以下几个方面。

- 车牌号和人脸脱敏：设计有效的脱敏算法，使车牌号和人脸在数据中无法被识别，同时不影响车型和行人数量的统计。这需要参赛者开发出能够自动识别并模糊处理敏感信息的算法，确保隐私保护的同时保持数据的实用性。

- 车辆速度和行人轨迹脱敏：开发保护隐私的脱敏方案，使单个样本无法被追踪，同时确保数据仍然可以用于流量统计和分析。参赛者需提出能够在数据处理过程中保护个人隐私的方法，同时保证数据的统计分析价值不受影响。

参赛者需展示其脱敏方案的有效性和效率，通过实际案例和工具展示，证明方案在保障数据隐私和合规应用方面的可行性和创新性。在决赛阶段，参赛者通过现场展示和答辩，向评审专家展示其脱敏方案的技术实现过程和应用效果。

（2）感知识别赛道

感知识别赛道设置了 2D 目标检测、3D 目标检测和多模态数据融合 3 个赛题，旨在通过开发高精度的目标检测算法和多模态数据融合模型，提升车辆与行人等目标的识别和定位能力。参赛队伍基于赛事提供的数据集，在规定的时间内完成目标检测任务，并在赛事评测系统上提交结果数据。评测系统依据权威模型计算得出各参赛队伍提交结果的准确率、召回率、平均精度均值等指标分数，实时计算得出分数并根据分数打榜。参赛者可根据已提交结果数据的分数，持续优化目标检测模型，不断争取更高名次。

① 2D 目标检测赛题

2D 目标检测赛题要求参赛者基于赛事提供的路侧视角图像数据集，开发 2D 目标检测算法。在初赛和决赛阶段，参赛者需分别对两组"考题"数据进行运算识别。具体任务包括以下几项。

● 物体检测：识别图像和视频中的车辆、行人、自行车等目标，并准确标注其位置。参赛者需开发高精度的目标检测算法，通过深度学习模型（如卷积神经网络）提高检测的准确性和速度。

● 分类：对识别出的目标进行分类，如区分小汽车、卡车、公交车等。这一任务需要参赛者在目标检测的基础上，进一步细分目标类别，提高检测结果的细节丰富性和应用价值。

参赛者需展示其算法在目标检测精度、召回率和计算效率方面的表现，通过不断优化模型，争取在比赛中取得优异成绩，并通过展示检测结果和模型优化过程，展示其技术能力和创新成果。

② 3D 目标检测赛题

3D 目标检测赛题要求参赛者基于赛事提供的路侧视角图像和点云数据

集，开发 3D 目标检测算法。在初赛和决赛阶段，参赛者需分别对两组"考题"数据进行运算识别。具体任务包括以下几项。

- 3D 物体检测：识别点云数据中的车辆、行人等目标，并准确标注其三维位置。参赛者需利用激光雷达数据，开发高精度的 3D 目标检测算法，确保检测结果和空间定位的准确性。

- 多传感器数据融合：结合图像、视频和点云数据，提高目标检测的准确性和可靠性。参赛者需设计多传感器数据融合算法，通过融合不同数据源的信息，提高检测模型的鲁棒性和整体性能。

参赛者需展示其算法在 3D 目标检测精度、召回率和计算效率方面的表现，通过不断优化模型，争取在比赛中取得优异成绩，并通过展示检测结果和数据融合过程，展示其技术能力和创新成果。

③ 多模态数据融合赛题

多模态数据融合赛题要求参赛者基于赛事提供的路侧视角图像和点云数据集，开发多模态数据融合算法。在初赛和决赛阶段，参赛者需分别对两组"考题"数据进行运算识别。具体任务包括以下几项。

- 数据融合：结合多种数据源，提高目标检测的准确性和鲁棒性。参赛者需开发能够有效融合图像、视频和点云数据的信息处理算法，确保数据融合后的目标检测结果具有更高的准确性和可靠性。

- 多模态数据分析：利用融合后的数据进行目标检测和分类，提供更全面的环境感知能力。参赛者需设计多模态数据分析模型，利用不同数据源的信息优势，提高检测和分类的精度和全面性。

参赛者需展示其算法在多模态数据融合精度、召回率和计算效率方面的表现，通过不断优化模型，争取在比赛中取得优异成绩，并通过展示数据融合过程和分析结果，展示其技术能力和创新成果。

高质量开放数据集是首届智能车联网开放数据挑战赛的一大特色。首届智能车联网开放数据挑战赛基于苏州高铁新城高等级智能化路侧设施采集的数据，经过标注、脱敏等工序，形成"开放数据集"，并面向参赛者全量开放。"开放数据集"是一组综合性、高质量的路侧感知数据，主要包括摄像头采集的图像数据和激光雷达采集的点云数据。图像数据具有高分辨率、多视角覆盖和时间同步等特点，确保了数据的清晰度、全面性和一致性。点云数据提供高精度的3D环境信息和密集采样，保证了数据的详细性和密集性。数据通过高频采集和关键位置的设备安装，确保了数据的代表性和实用性。此外，通过对数据进行详细标注，提高了数据的实用性，更有助于数据使用的准确性和一致性。

4. 赛道成果

智能车联网开放数据挑战赛吸引了全国148个高校及企业团队参赛，在应用创新赛道和感知识别赛道中，参赛者们提出的一系列创新解决方案在实际验证中取得了显著成效，展示了各团队在路侧数据感知识别与应用创新方面的卓越能力。

（1）应用创新赛道优秀成果

在应用创新赛道，参赛者们利用开放的路侧感知数据集和交通流数据集，致力于交通出行优化、应用场景挖掘和感知数据脱敏领域的技术创新。

① 交通出行优化赛题

有参赛者设计了区域动态绿波自适应控制方案，方案整体框架如图10-23所示，通过融合短时交通流预测技术和动态绿波自适应控制技术，将区域内的各个路口视为一个整体，以绿波协调为主要手段，结合每一段道路的不同交通流特征，将区域内道路协调方案联动起来形成"纵横交叉"的绿波路网，最终达到区域整体协调控制的效果，可实现交通信号控制的精细化、智能化和动态化管理。

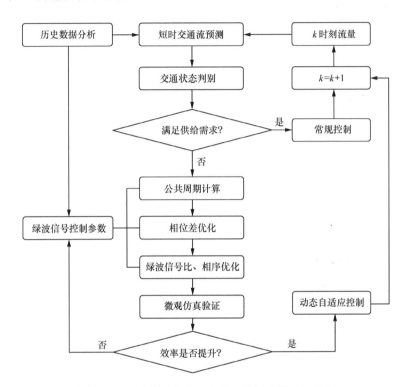

图 10-23　区域动态绿波自适应控制方案整体框架

有参赛者设计了多控制子区实时协同优化方案，其技术路线如图10-24 所示，并依据真实路网结构和数据集流量构建高峰与非高峰两个仿真测试场景对方案可行性进行检验。检验结果显示，相较于初始方案，该方案使路网通行延误分别下降 43.2% 和 29.5%，使路网通行速度稳定在较高值，明显减少了子区内干线和子区间的通行延误和停车次数，有效提高了路网通行效率。

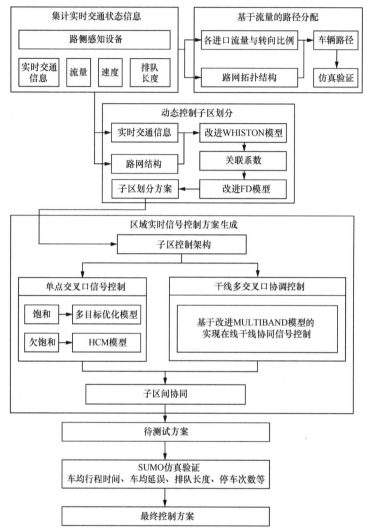

图 10-24 多控制子区实时协同优化方案技术路线

在交通信号优化方面，有参赛队伍针对如何在复杂的城市交通场景中，实现智能交通信号控制，以减少交叉口的车辆延误次数，充分考虑城市交通场景的复杂性和多样性，提出了"干线协调 - 绿波控制"和"问题导向 - 动态优化"两个方案，方案整体框架如图 10-25 所示，该方案适应不同的车流量情况，提高了路网的通行效率和灵活性。

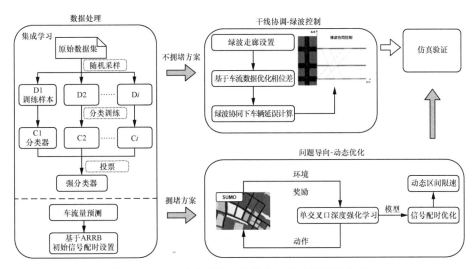

图 10-25 城市交通信号智能化改造方案整体框架

② 应用场景挖掘赛题

在城市交通排放预测及优化方面，有参赛队伍通过构建城市实时制动系统污染物排放监控地图，如图 10-26 所示，对未来排放进行预测，并提出可行的优化方案，以实现对城市交通排放的实时监管、有效预测和可行优化，达到排放最小化、能源利用最大化的效果。

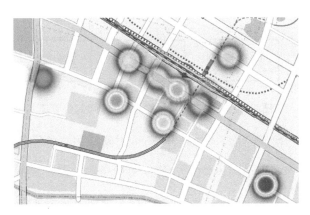

图 10-26 在交通流的基础上构建的城市实时制动系统污染物排放监控地图

在基于驾驶风险的精准分级的保险场景分析方面，有参赛者利用交通场景点云预处理及目标特征增强识别等技术，对交通的相关数据进行挖掘与处理，将挖掘出来的数据价值反馈给汽车生产商，指导汽车生产商生产出有针对性的产品以及对产品进行优化。另外，车辆行驶数据可以反映出用户的驾驶风格、出行习惯等个人特点，有利于向客户提供个性化服务、推荐个性化产品。集成模型为保险公司进行车险厘定提供了参考。保险公司根据驾驶员的风险等级精准设定不同级别的保费，有利于降低经营成本。针对驾驶风险分级的保险定价管理如图 10-27 所示。

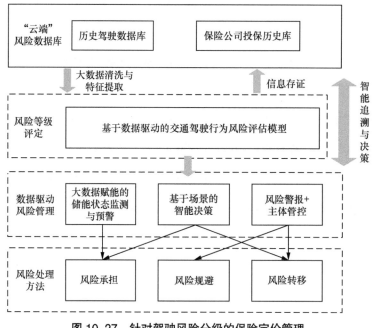

图 10-27　针对驾驶风险分级的保险定价管理

在异常行为检测方面，有参赛队伍通过集成先进的图像处理技术和深度学习方法，为城市道路设计了一套全面且高效的实时异常交通行为综合检测服务流程，如图 10-28 所示，该流程实现对大量原始路侧图像数据的深度解析，不仅为政府部门提供了一种高效、准确的交通管理和公共安全维护手段，也为企业的主动安全项目提供保障。

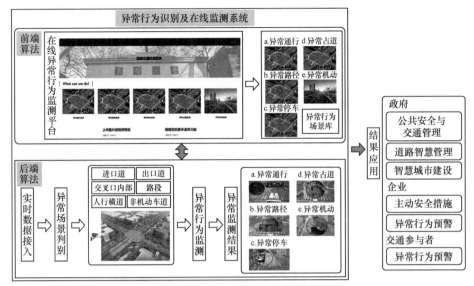

图 10-28　实时异常交通行为综合检测服务流程

③ 感知数据脱敏赛题

针对敏感数据（如人脸和车牌）在公开数据中的隐私保护问题，有参赛者提出了创新性与实用性兼备的人脸车牌脱敏算法，脱敏成功率高达 95%，确保了数据的合规性和实用性，算法验证结果如图 10-29 所示。

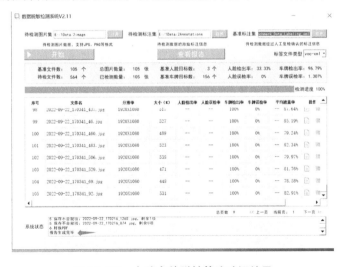

图 10-29　人脸车牌脱敏算法验证结果

也有参赛者提出一种递归式车牌／人脸的预训练检测算法其模型结构，其模型结构如图 10-30 所示。该算法采用由粗到精的层次回归技术，精确定位人脸／车牌区域并具有强泛化能力，同时综合时间维度的跟踪信息，以减少漏检情况并抑制遮挡影响。

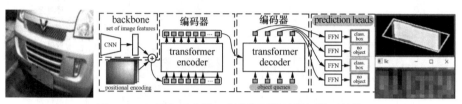

图 10-30　递归式车牌／人脸的预训练检测模型结构

（2）感知识别赛道优秀成果

在感知识别赛道，参赛者们基于路侧感知数据集，设计了高精度的目标检测算法和数据融合模型，有效提升了车辆与行人等目标的识别和定位能力。

① 2D 目标检测赛题

有参赛者设计了一套高精度、低时延、低资源消耗的街头目标检测算法，通过使用重参数化技术，在不延长推理时间的情况下，提升模型性能，并获取最优的模型缩放系数；通过控制最短、最长梯度路径，使得网络可以有效地进行学习并更好收敛。算法对远处的小目标和近处被遮挡的目标，都有比较好的检测效果，如图 10-31 所示。

图 10-31　街头目标检测算法的可视化结果

也有参赛者提出了基于多尺度特征和多重注意力机制的路侧目标检测算法。其中，增强尺度特征模块有效解决了目标检测中多尺度特征提取能力差的问题，多重注意力机制检测头显著提高了目标检测精度，优化后的特征融合模块和ETG模块[1]在减少参数量和减小模型体积的同时增强了图像特征的表达能力。算法有效实现了检测精度和部署能力的二者平衡，对于城市复杂交通场景下的边缘部署目标检测具有应用价值。

② 3D 目标检测赛题

有参赛者设计了一种多雷达目标检测算法，以VoxelNeXt[2]作为基线，配合MS3D[3]模块构建多尺度3D特征以及MFF模块[4]融合连续帧进一步提升3D目标检测算法的性能。其可视化结果如图 10-32 所示，算法召回率始终维持在90%以上，尤其对于汽车、摩托车、卡车等类别，算法召回率更是高达 95% 以上。

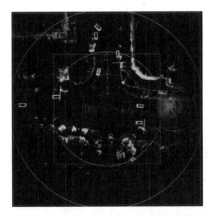

图 10-32　多雷达目标检测算法的可视化结果

1　ETG 模块的全称是 EtherCAT Technology Group。

2　VoxelNeXt，全称为 Fully Sparse VoxelNet for 3D Object Detection and Tracking。这是一种用于 3D 目标检测和跟踪的纯稀疏体素网络。

3　MS3D，全称为 MilkShape 3D，它是一款广泛应用于游戏开发、3D 建模和动画制作的专业工具。

4　MFF 模块是一种旨在通过融合不同尺度的特征信息来提高特定任务（如遥感图文跨模态检索）性能的技术或方法。

③ 多模态数据融合赛题

有参赛者设计了基于平滑优化的多模态数据融合算法，通过综合利用多种传感器的数据，提高了目标检测的准确性。多模态数据融合打破了传统的单一传感器方法可能受到光照变化、遮挡等因素的限制，提供了更全面、准确的目标检测结果，如图 10-33 所示。

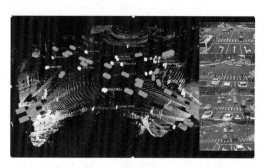

图 10-33 基于平滑优化的多模态数据融合算法的检测结果

也有参赛者设计了基于 BEVfusion 的多模态识别算法，创新性地尝试在路侧完成 BEV 空间下的特征融合，基于 BEV 的多模态融合方案同时解决了图像语义密度丢失和特征混淆问题，BEV 表征空间中的统一多模态特征，完整地保留住了几何和语义信息，其检测结果如图 10-34 所示。

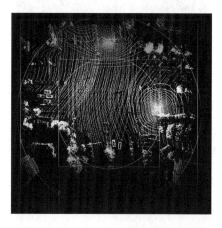

图 10-34 基于 BEVfusion 的多模态识别算法的检测结果

本届智能车联网开放数据挑战赛通过应用创新和感知识别两大赛道，有效推动了车联网数据应用创新。参赛者们提出的交叉口信号智能化改造、路侧感知异常行为检测和人脸车牌脱敏等方案提升了交通系统的效率和安全性，2D 目标检测、3D 目标检测和多模态数据融合等创新算法涌现，为提高车联网路侧数据目标识别和定位能力提供有益参考。

5. 在各赛题结果中发现的问题

在智能车联网开放数据挑战赛的各赛题结果中，发现了部分数据创新应用仍然存在的技术和模式问题。

在应用创新赛道，统计发现大部分参赛队伍的方案设计聚焦于交通信号控制优化方面，只有少数参赛队伍尝试通过挖掘路侧数据价值服务于运输、保险等应用模式。这种情况反映了目前路侧数据应用场景较为单一，尚未形成可与其他商业化服务联动的应用场景，问题的原因可能是赛事提供的数据范围可能过于局限，不足以支撑复杂的服务模式开发，也可能是面向新型应用场景的技术手段尚不成熟。

在感知识别赛道，3D 目标检测和多模态数据融合算法精准度普遍不高，反映了这两类算法在准确性和效率方面仍需进一步提升。此外，一些技术方案在实际应用中的效果需要进一步验证，特别是在不同城市和环境中的适用性和普及度。例如，多模态数据融合技术虽然在提升目标检测准确性方面表现优异，但在实际应用中却面临数据同步、处理复杂度高和计算资源消耗大等问题，需要更高效的算法和技术手段。感知识别算法虽然有一定的突破，但能否服务于车路融合的 BEV 仍需验证，需要进一步探索如何将感知识别算法应用于实际的车路融合场景，以实现更高效的交通管理和驾驶自动化。

在后续赛事举办中，智能车联网开放数据挑战赛预期在赛题方面进一步丰富设计，以吸引更多不同领域的参赛者，激发更多技术创新场景，进一步加强对前沿技术和跨学科应用的探索。在赛事基础数据资源方面，尽管赛事提供了高质量的开放数据集，但其覆盖范围和实时性仍需提升，这些数据集在某些应用场景中可能不足以支持精准的技术开发，预计将进一步优化赛事数据资源，更好地引导参赛者挖掘数据的应用价值，推动形成更多可落地、可复制、可推广的创新方案。

6. 未来的赛事规划

　　未来的赛事规划在提升数据集质量与扩大覆盖范围方面，将引入更多质量更高、覆盖更广的数据集，包括不同城市和环境的数据，并增强数据的实时性和更新频率，确保数据的时效性和准确性。在赛事赛题设置优化方面，针对应用创新赛道，未来将设计更加多样化和前沿的赛题，以激发参赛者的创新潜力。第二届智能车联网开放数据挑战赛应用创新赛道新增"交通违法违章行为识别赛题"和"自动驾驶场景库构建赛题"，旨在服务于智能交通管理和自动驾驶技术的发展。交通违法违章行为识别赛题将鼓励参赛者设计能够精准识别交通违法和违章行为的技术方案，帮助交通管理部门提高执法效率，减少交通事故，确保道路安全；自动驾驶场景库构建赛题旨在构建丰富多样的自动驾驶场景库，支持自动驾驶系统的开发和测试。通过涵盖各种复杂交通场景，帮助自动驾驶技术在更广泛的应用中提高可靠性和安全性。针对感知识别赛道，第二届智能车联网开放数据挑战赛对现有赛题进行升级。例如，2D 目标检测赛题升级为危险驾驶行为 2D 目标检测赛题。在扩大参与范围方面，将通过全球合作和交流提升赛事的国际影响力，引入国际评审团和合作伙伴，推动赛事国际化发展，建立长期合作机制，与交通管理部门、研究机构及技术供应商共同推进智能交通系统的技术研发和应用。

（一）车联网典型应用案例概览

近年来，车联网基础设施建设如火如荼，车联网典型应用场景持续丰富，多元化信息服务提供了驾驶安全性与效率提升等预警类应用，这些应用逐步向支持驾驶辅助、自动驾驶的协同控制类应用演进，同时依托路侧感知设备和云平台功能，在交通治理、特殊场景等方面开展应用探索。车联网典型应用案例概览如图 11-1 所示。

图 11-1　车联网典型应用案例概览

信息服务类应用：基于车联网基础设施和车企云平台，为车辆驾驶员提供包括娱乐、实时路况、远程操控、手机互联等各类信息服务，极大地扩展车辆功能和智能化水平，同时基于路侧基础设施，可向驾驶员提供安全、效率等两大类服务，有效提高车辆行驶安全性和效率。

驾驶辅助类应用：将车联网基础设施所提供的实时道路信息与车辆自身的ADAS结合，使ADAS性能更优、体验更好，例如，路口的目标物信息使车辆能更早、更精准发现潜在危险物并进行制动/避让等动作，路口信号灯信息则能帮助车辆ADAS以更合理的速度通过路口，提升驾驶辅助系统的安全性。

自动驾驶类应用：自动驾驶与车联网深度融合、感知共享，共同实现L4级以上自动驾驶，一方面提升自动驾驶车辆在复杂路况下的通过能力，另一方面在远期能降低自动驾驶车辆造价成本。

交通治理类应用：借助车联网路侧基础设施强大的感知能力，以及云控平台信息汇聚与处理能力，通过与交管、城管等部门协调联动，实现各类交通治理和应用优化，提升城市交通智慧化水平，助力智慧城市建设。

特殊场景类应用：对园区或工厂内的道路或产线进行智能化、网联化改造，实现末端无人配送、无人货运物流、无人巡检、无人环卫清扫、矿山无人作业等场景应用，帮助解决园区或工厂在生产作业环节中提升效率、降低人力成本等问题。

（二）信息服务类典型应用案例

1. 整车企业信息服务案例

（1）小鹏智能第三空间

小鹏汽车打造智能交互座舱第三空间，提供娱乐场景、睡眠场景、户外场景、生活场景、X-DIY场景的5大场景功能。在车内可观影、看球赛、玩游戏等，带来丰富的娱乐选择和体验；通过一键/语音操作，即可实现座椅放倒打平、电动天幕遮阳帘关闭、空调、音箱等软硬件联动开启，就可以进入舒适的睡眠空间，并对车内空气进行监测与智能调节；小鹏汽车支持无人机的车机互联，通过语音或大屏控制无人机智能飞行，车载地图可显示无人机位置，随时浏览无人机拍摄影像，在车载大屏可实现无人机视频预览及实时查看；车内可提供安静的环境和网络覆盖，实现随时开会或办公；除了多样化的应用场景，小鹏汽车超级充电站管家一站式服务，为驾驶人员提供人车"充能"，支持个性化打造智能第三空间。

（2）蔚来车载 AR/VR 娱乐应用

在车载娱乐场景中，AR 技术可以打破车机物理屏幕的限制，通过 NIO Air AR Glasses（AR 眼镜），乘客观影体验相当于 4m 外的 130in（约 40m）大屏体验，并支持 3D 成像。通过实时防抖算法，结合陀螺仪等传感器监测用户姿态变化，可在颠簸、转向等场景下保持画面稳定，进一步提升舒适性。在蔚来全景数字座舱内，用户可以通过 NOMI 语音、Air Ring 智能指环、手机 App 等交互方式，完成 AR 体验时的各项操作交互。此外，用户还可以将自己的手机连接到车内热点，将手机播放器正在播放的内容投射到 AR 眼镜中，影音系统不再局限于车机自带的娱乐内容，可拓展至外界平台，为用户提供沉浸式的多媒体和娱乐体验。

（3）理想五屏互联及多模式交互

理想汽车的量产车型中已搭载多屏交互系统，为全车人提供行车和驻车全场景下的服务。例如，理想 L9 标配 5 个显示屏，包括抬头显示（HUD）屏、方向盘交互屏、中控屏、副驾驶娱乐屏及后座舱娱乐屏，后座舱娱乐屏采用了 3 块 15.7in（约 5m）的 3K OLED 车规级屏幕，提供极致的"视＋听"效果。理想 L9 在车顶配备了 3DToF 传感器，可以识别手的姿势和运动轨迹，实现手势交互，丰富了驾驶过程中的操作方式。搭载的理想同学支持车内自由对话，可以和家人一起聊天、为多人同时服务，响应多重语音交互，更好地服务每一位家人。AR-HUD系统可以替代传统大尺寸液晶仪表盘，将相关信息叠加至实物之上，为驾驶员提供更为清晰且直观的信息指引。

（4）智己全程AI舱和GPT大模型应用

全程AI舱通过车辆的感知融合，以余光感知、盲区影像的功能组合，实现交通信息一屏展现，提升驾驶者的驾舱体验感及行车安全性。通过余光感知交互机制，全程AI舱采集全车摄像头影像，准确显示驾驶过程中的A柱左侧盲目影像、右后侧盲区影像等，将各个盲点的影像呈现在可升降的巨幅场景屏上，驾驶人可以轻松且快速地获取重要信息，减少驾驶风险，确保行车安全。导航路口光效提醒功能可以根据道路状况提醒驾驶人何时转弯、变道等，使道路状况更加直观和明了；侧盲区光效提醒功能则能够实时监测车辆侧后方是否有其他车辆接近，及时提醒驾驶人注意，减少侧面切换带来的风险。全程AI舱还可提供车友圈、奇幻岛组队等多种社交体验，让驾驶更具娱乐性和趣味性。智己汽车LS6、LS7搭载GPT大模型，使车内的语音助手可以理解更复杂的自然语言指令，提供更加人性化和智能化的交互体验。例如，用户可以用自然语言询问附近的餐厅推荐或进行车辆故障诊断。智己生成式大模型还支持根据出行场景的特殊性，推出趣味内容生成、语音交互游戏、角色扮演、多意图理解、文生音乐、文生图等一系列功能。智己生成式大模型支持对关联账号进行个人偏好的复杂推算，精准推送用户更感兴趣的内容。

2. 智行无锡App案例 [1]

江苏无锡在城市内618个点位上建设了C-V2X直连通信路侧设备、智

1　案例根据IMT-2020（5G）推进组C-V2X工作组公开征集材料整理形成。

能信号机等车联网路侧基础设施，打造了车联网大数据应用服务平台，并组织开发了智行无锡 App，为用户提供车内标牌、绿波车速引导等服务。其中，车联网大数据应用服务平台汇聚了车联网用户位置、交通信号灯状态、交通事件等信息；该平台既可以通过智行无锡 App 向用户实时显示行进方向交叉路口的信号灯状态显示秒数及当前交通事件，又可以通过地图导航 App 等第三方厂商向用户提供相应的交通信息服务。如图 11-2 和图 11-3 所示。

图 11-2　车内标牌与绿波车速引导服务示意

图 11-3　第三方地图导航 App 信号灯状态显示功能示意

3. 成都车联网智能交通综合应用 [1]

四川（成都）车联网先导区一期项目在建设中，与腾讯地图合作，使司机可通过微信、地图、先导区专属 App 等渠道，体验车联网应用功能。在安全方面，当视野盲区突然出现行人或其他车辆，存在潜在的碰撞危险时，司机能通过手机及时收到语音、画面、弹窗等预警提醒；在通行效率方面，借助绿波通行功能，司机可以实时了解到信号灯的状态，根据 App 提示的建议车速，就可以实现全程不停车驾驶；通过天眼功能，司机可以看到指定路口交通状态的实时视频直播，如图 11-4 所示。

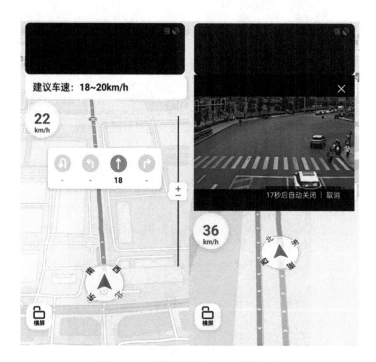

图 11-4　成都车联网 App 应用示意

1　案例根据 IMT-2020（5G）推进组 C-V2X 工作组公开征集材料整理形成。

4. 长沙 V2X 车联网预商用服务应用案例[1]

湖南湘江智芯云途科技有限公司基于湘江智能网联云控平台，提供车联网 SPAT 消息、RSI 等信息，并将其集成至车机系统，实现向量产车辆推送 C-V2X 车路协同功能场景（如图 11-5 所示），具体如下。

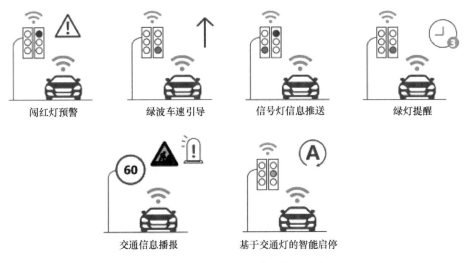

| 闸红灯预警 | 绿波车速引导 | 信号灯信息推送 | 绿灯提醒 |

| 交通信息播报 | 基于交通灯的智能启停 |

图 11-5　长沙 V2X 预商用场景示意

（1）闯红灯预警：当车辆经过有信号控制的交叉口（车道）时，以及车辆存在不按信号灯规定或指示行驶的风险时，本应用会对驾驶员进行预警。

（2）绿波车速引导：指当车辆驶向有信号灯控制的交叉路口时，本应用给予驾驶员建议车速区间，以使车辆能够经济地、舒适地（不需要停车等待地）通过信号路口。

（3）信号灯信息推送：本应用给予驾驶员相应的交通信号灯信息，保

1　案例根据 IMT-2020（5G）推进组 C-V2X 工作组公开征集材料整理形成。

证车辆的安全行驶。本应用适用于任何交通道路场景。

（4）绿灯提醒：本应用将在红灯倒计时结束前给予驻车驾驶员信号灯即将变绿的提醒，以使车辆能够安全、高效地通过路口。

（5）交通信息播报：车辆驶向有信号灯控制的交叉路口时，将收到由路侧单元发送的交通事件以及交通标志标牌信息。车载单元在判定消息的生效区域时，根据自身的定位与运行方向，以及消息本身提供的区域范围来进行判定，而后向驾驶员推送。

（6）基于交通灯的智能启停：本应用将根据红灯倒计时信息来决定是否使用自动启停功能，以使车辆能够经济、舒适地通过信号路口。

长沙车联网预商用服务系统已向福特中国、广汽丰田提供服务，已服务 2400 多台车辆，服务车型包括全新福特 EVOS、福特电马 Mustang Mach-E、林肯冒险家、广丰 C-HR 等 9 款量产车型，长沙成为国内首个规模化落地车联网预商用场景的城市。

对车主而言，车联网预商用服务可提高行车通行效率，改善驾驶出行体验。绿波提醒等服务功能可提升 10% 以上的行车通行效率，同时有助于缓解城市交通拥堵和节能减排。

（三）驾驶辅助和自动驾驶类典型应用案例[1]

1. 整车企业安全驾驶辅助案例

奥迪中国基于 C-V2X 直连通信技术，结合中国道路交通环境打造了智能互联驾驶功能解决方案，可实现道路危险状况提示、紧急制动预警、紧

1　案例根据 IMT-2020（5G）推进组 C-V2X 工作组公开征集材料整理形成。

急车辆提醒等车间交互功能，并在 2019 年世界物联网博览会期间，展示了 16 个面向城市场景的全新智能互联驾驶功能以及下一代协同自适应巡航控制等新功能。

上汽通用别克于 2020 年底在 GL8 艾维亚量产车型上搭载 C-V2X 直连通信能力，其可通过接收周围车辆的行驶状态信息，结合自身车速、加速度等相关数据，评估是否存在碰撞风险，并通过仪表盘／抬头显示功能向驾驶者提供紧急制动预警、异常车辆提醒、车辆失控预警、交叉路口碰撞预警等。

广汽集团在 2020 年 12 月量产了 AION V 车型，该车型全系可选装 5G VBOX，具备 5G 蜂窝通信和 C-V2X 直连通信能力。AION V 将 C-V2X 直连通信数据与车载摄像头、雷达进行了感知融合，不仅可以增强前向碰撞预警、盲区预警等传统的 ADAS 功能，而且还支持交叉路口碰撞预警、逆向超车预警、异常车辆提醒等依托单车智能无法实现的功能，确保了行车安全，如图 11-6 所示。

图 11-6　AION V 基于 C-V2X 的逆向超车预警和绿波车速引导展示

2. 无锡基于车路协同的 L2+ 组合驾驶辅助场景

博世智能网联科技有限公司与无锡慧网科技发展有限公司联合在无锡锡山"双智"试点核心区打造 V2X+ADAS 融合的试点项目。该应用通过 V2X 通信技术将路侧安装的传感器感知信号及其他交通信息发送给智能网联车辆，从而提升智能网联车辆的驾驶辅助性能，如图 11-7 所示。车端实现功能包括：协作式限速区控制、闯红灯预警、弱势交通参与者碰撞预警、基于路侧感知的交通状况识别、协作式自适应巡航、协作式匝道汇入、超视距识别辅助、基于路侧感知的特殊车辆优先、感知数据共享、基于路侧的隧道通行、协作式特殊车辆引导 11 项应用功能，其车内显示效果如图 11-8 所示。

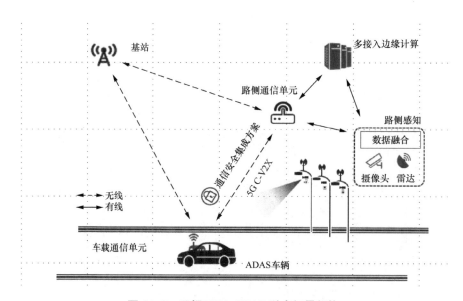

图 11-7　无锡 V2X+ADAS 融合场景架构

无锡市锡山区锡东商务区完成 11 个路口（包括十字路口、三岔路口、隧道入口、高架匝道入口等城市典型场景）的路侧感知系统部署，系统性优化车端 11 个 V2X+ADAS 应用场景，增强了用户体验感，提高了用户付费意愿，加快推动车路协同 2B 商业模式落地。

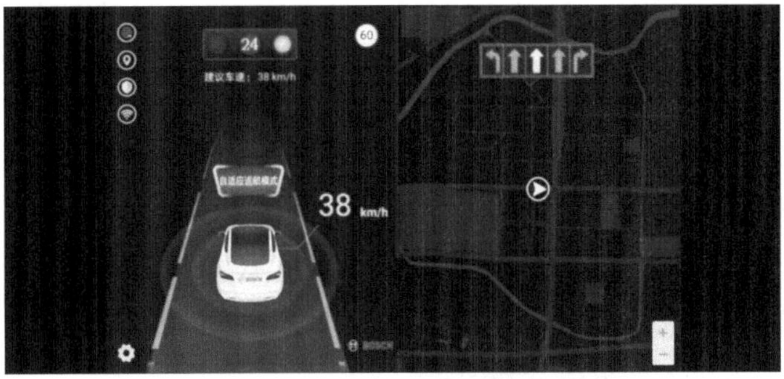

图 11-8　无锡 V2X+ADAS 融合场景车内显示效果示意

项目建设内容通过了中国信通院组织的"四跨"测试以及与服务的整车企业进行车路协同功能一致性测试，路侧子系统可向第三方车辆或其他用户开放；建成的相关云平台可根据车企需求提供数据和接口服务。

3. 厦门城市级 5G+ 车路协同应用

中国移动、厦门公交集团联手金龙客车、清研宏达等企业，基于"人、车、路"高效协同以及市民出行便利，在 5G+ 北斗高精度定位、驾驶自动化等前沿技术赋能下，构建了 5G 城市智慧公交应用模式，打造了"云管端"一体化服务体系，致力于解决公交共性问题，实现车路协同、公交安全节能、运营效率及出行感知的全面提升。

目前，厦门 3500 多辆公交车已实现 5G 智慧化配装，终端可智慧控制油门、刹车，实现精准定位、平稳起步、斑马线及进站前自动限速，保障行车安全，市民乘车体验大幅提升。与系统实施前相比，一些不良驾驶行为明显下降，急加速下降 97%，急减速下降 73%，不良起步下降 80%。同时有责事故、行车事故、客伤事故经济损失都下降了 70%。

在厦门独有的快速公交系统（BRT）高架专用道上，"5G+ 辅助驾驶"为厦门公交集团提供亚米级乃至厘米级的 BRT 车辆定位信息。在遏制危险驾驶、斑马线礼让等方面做到"驾驶辅助"主动干预，实现车速稳定、零超速、能耗下降、事故发生率降低等。截至目前，"5G+ 辅助驾驶"已在厦门全市 150 台 BRT 车辆及部分常规公交车应用，如图 11-9 所示。

车内应用展示　　　　　　　　　　　智慧路口部署

图 11-9　厦门 BRT 智能网联车路协同应用

4. 苏州"轻车熟路"车路协同自动驾驶系统

苏州"轻车熟路"车路协同自动驾驶系统为全国首个纯依赖路端感知即可实现 5G 网联式长距离、长时间 L4 级别自动驾驶的车路协同系统。它通过在路口和路段布设定向激光雷达、补盲激光雷达、枪式摄像头以及路侧通信模块、边缘机房等多种设备，建设高级别的全息道路，使具有 L2 级别硬件配置的驾驶车辆可实现 L4 级别的自动驾驶智慧出行服务。

基于"苏州高铁新城智能网联三期道路建设项目"，天翼交通建设了全长 51km 的支持自动驾驶的全息道路，这是目前国内连续里程最长的 I4 级智能路网。通过车路协同系统，苏州高铁新城目前已落地 3 条 Robobus 公交线路和多个 Robotaxi 站点，满足商务便民需求，提供车路协同自动驾驶接驳服务，真正实现车路协同自动驾驶的常态化运行。项目主要实现以下功能。

（1）安全性能提高：实现全路段高精度感知，解决感知盲区问题，提升自动驾驶安全性。

（2）群智协同示范：精准识别交通信息，提前规划车辆轨迹，有效疏导城市交通，为智能交通群智协同提供示范样板。

（3）单车成本下降：通过路侧增强感知，车路协同自动驾驶系统降低车端感知和计算设备成本，验证规模化应用的成本可行性。

（4）出行体验提升：赋能自动驾驶常态化运营，体现路侧数据服务价值，提升大众对智慧化道路建设的体验感和认可度。

在商业价值方面，基于全息道路的车路协同系统可以使赋能车辆不需要安装复杂和高成本的激光雷达等传感器阵列和大算力处理器芯片，从而减轻单车"负担"；它还可将原本实现 L4 级别自动驾驶所需的单车多维度感知转为由路端传感器分担，路端传感器为车辆提供海量低时延、强实时、超可靠的感知数据，并统筹更宏观的信息，帮助车辆智慧决策，从而实现车辆软、硬件配置大幅降低，车辆交付周期明显缩短，量产难度显著下降，大大加快自动驾驶的商业化落地。

（四）交通治理类典型应用案例[1]

1. 长沙智慧公交与公交优先案例

湖南长沙打造了基于 C-V2X 的智慧公交示范应用，该应用目前在智慧公交 315 号线、3 号线、9 号线上实现了商用运营。它可实现公交优先、交

1　案例根据 IMT-2020（5G）推进组 C-V2X 工作组公开征集材料整理形成。

通灯透传等多项功能，日均服务乘客约 3 万人。公交优先场景已覆盖 2072 辆公交车和全市 76 条公交线路，实现了规模化的商业运营。

在交通灯透传功能中，智能网联公交车可将通过路侧设备广播得到的交通灯信息通过车尾标识牌显示出来，以避免造成对后车的遮挡；在公交优先功能中，智能网联公交车可主动向智能路口发送包含车辆位置、行驶速度、车内乘客数、准点状态等在内的数据，路侧计算设备据此生成公交信号优先策略，通过红灯缩短、绿灯延长等方式实现公交优先通行，如图 11-10 所示。公交优先功能可显著提升公交车的运行效率，经过统计，信号优先线路通行效率提升 20%，出行服务累计触达 200 万市民，信号优先线路服务 2 万人日常通勤。

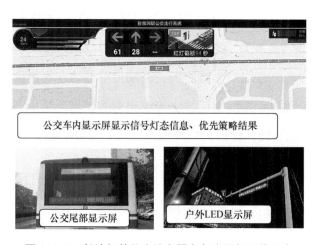

图 11-10　长沙智慧公交信息服务与交通灯透传示意

2. 重庆石渝高速涪丰段智慧高速案例

重庆在石渝高速涪丰段打造基于车联网 C-V2X 技术的智慧高速。该路段双向近 130km，其中互通式交叉 8 处，隧道 12 处（总长 15.5km），服务区 1 处，5 处事故多发区域。该路段所处区域地质、气象条件复杂，包含隧道群、特大桥、急弯、急下坡、多雾、积水、上下行车道分离等多种影响交通安全的不利因素，桥隧比高达 47% 以上，交通场景复杂。石渝高速涪丰段在建设智慧高速时共计在道路侧部署 350 余台 RSU，400 余套路侧感知、计算、显示设备，基本实现双向近 130km 的全覆盖，实现了安全与效率提升的功能，有效保障高速公路异常情况的快速发现、快速通知、快速处理。通过路侧融合感知和边缘计算实现了道路动态风险的快速发现；通过 C-V2X 技术与智能车载终端实现了公路异常感知与协同交通的应用场景；通过空口同步和定位技术实现了隧道定位不丢失，进而实现了重点车辆全程监控。该项目提高了高速公路在安全与效率提升领域的应急保障能力，提高了路网交通事件监测与快速响应协同救助的能力，减少交通事故人员伤亡，如图 11-11 所示。

图 11-11　石渝高速涪丰段应用场景示意

3. 云南昭阳西环智慧高速公路项目

云南昭阳西环智慧高速公路项目，选取永丰隧道（右线）进行隧道安全管控智慧化提升示范系统建设，全长 1380m。

项目基于隧道内厘米级高精地图、真实场景三维建模，以及激光雷达和视频等多传感器融合技术，实现隧道全域感知系统，形成智慧隧道全域交通数字孪生平台。通过车辆特征识别和绑定技术，车辆厘米级的精准定位和全域跟踪技术，实现"两客一危"车辆全域监控及高可靠的事件检测。同时，基于隧道交通事件应急管控系统，应用车路协同技术服务对车辆进行预警和引导，提高隧道及影响区安全系数，降低管理成本，如图11-12所示。

本项目建设者昭通市高速公路投资发展有限责任公司采用自有资金建设模式，开展运营服务。通过系统的建设，有效降低了隧道事故发生率，提升隧道通行效率，进而提高整条高速通行能力。

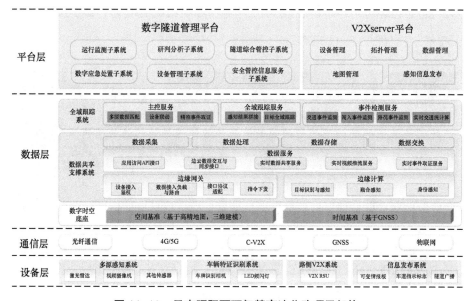

图11-12 云南昭阳西环智慧高速公路项目架构

4. 成都基于全息路口的交通管理案例

北京万集科技股份有限公司（以下简称"万集科技"）根据智能网联车辆运行道路分级需求和区域管理需求，在成都完成两个全息路口和150个信号灯开放路口升级工程。

　　全息路口应用云计算、物联网、大数据、人工智能等先进技术，基于厘米级高精地图、实景三维建模、全息感知的智慧基站，打造城市路口管理的数字底座，对路口交通基础设施、交通参与者、交通流、交通事件等要素进行数字化重构，完成城市路口全域数字孪生，并基于交通流仿真模型、信号动态优先控制等技术，实现路口态势运行监测、交通信号优化、态势研判分析、多维信息交互、车路协同赋能五大功能，构建从数据采集、智能管控到仿真评价的智慧化交通管理体系，如图11-13所示。

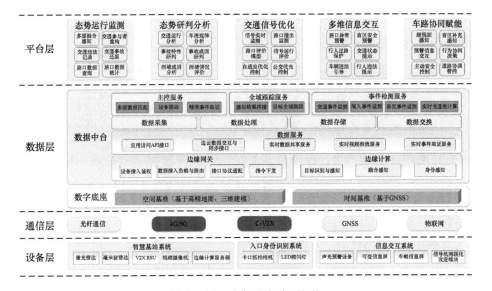

图11-13　成都全息路口架构

　　项目应用后的直接效果如下。

　　（1）提升运行监测能力

　　项目通过路口交通参与者全要素信息精准感知、全域跟踪和全过程轨迹构建，从"上帝视角"对路口范围内交通运行状态进行一张图式的全域监控，提升了交管部门对城市路口的运行监测能力。

（2）提升路权配置能力

基于目标特征的识别与身份绑定，结合精准感知的全域跟踪技术，项目能够实现优先通行权的特殊车辆的精准识别与路线跟踪。结合车道级的交通状态识别与信控调整能力，实现对特殊车辆的路径引导和优先通行，提升了交管部门的路权配置能力。

（3）提升违法监管能力

项目通过实时采集交通参与者运行状态，结合路口交通组织与信号灯状态，监测机动车、非机动车和行人违规行驶行为，实现违法行为精准治理、交通事故轨迹还原、身份画像精准刻画等功能，提升了相关部门对交通参与者的违法监管能力。

经济上的收益包括以下2项。

（1）提升通行效率

项目能够减少车辆与行人的交通违法行为，并通过动态信控优化等手段，缓解城市交通拥堵，保障交通的畅通，能够显著减少交通拥堵造成的经济损失。据估计，以车路协同为基础的智能交通能够提升15%～30%的道路通行效率。

（2）减少碳排放量

项目通过动态信控优化、车路协同等手段缓解交通拥堵，对车辆进行绿波车速引导减少停车等待时间，能够提升10%以上的道路通行效率，可节省城市交通碳排放量超过10%。

5. 广州黄埔区智慧路口案例

广州黄埔区基于车联网打造了智慧路口信号控制、智能交通运行分析研判等应用。建设了基于C-V2X路侧感知能力的交通信号控制系统，并将车联网"新基建"与交警现有信息化系统深度融合，实现了数据接口的互联互通，搭建了精细化交通管理和智能化交通辅助决策平台，实现车道级实时分析、研判、预测、优化和控制等能力。在交通信号精确控制应用中，本案例可进行路口配时方案管理，对路口和干线优化策略进行灵活配置，并可与信号控制中心进行实时交互，实现信控优化策略从配置到下发的业务流程闭环，提高信号控制系统的智能化管理水平。该应用还可以实现区域拥堵研判、重点道路拥堵研判、重点道路潮汐研判、路口拥堵监测、路口历史拥堵分析、道路拥堵事件筛选及查看、拥堵警情黑点筛选及查看等功能，如图 11-14 所示。

图 11-14 广州智慧路口应用可视化展示

案例在黄埔区科学城、知识城等区域内的 32 个路口部署打造了交通信号精确控制应用，区域占比达 57%。项目可大大减少绿灯空放情况，缩短车流的等待时间，避免了道路零车辆通行，但信号灯仍在持续放行的场景出现。该项目还可在不同的交通状态下，实现主车流方向不停车或少停车通过沿线路口，也就是绿波车速引导。自应用实施以来，实现部署范围内通过路口的车均延误下降约 20%，绿灯空放浪费下降约 21%。

6. 襄阳智能信控治堵减排案例

湖北襄阳基于智能信号灯实现了交通信号精确控制的应用。该应用在市区拥堵情况最严重的 12 个路口进行了网联化、智能化改造，建设和部署实施基于人工智能和边缘计算的交通灯协同调度系统。该系统通过结合路侧通信、传感、计算等信息化基础设施以及智能网联云控管理平台，实现对进入调度区域的各个方向、各个车道的车辆数据变化的感知。智能网联云控管理平台上全智慧调度模型根据路口感知信息实时精确地计算出各个车道、方向和总体的车辆拥堵状态，直接控制交通灯的信号控制机以及与车联网平台和指挥中心通信的交互盒，发出最优调度指令，实现交通信号精确控制。指挥中心的工作人员可以对路口的运行情况及时监控、管理、维护，并可对路口调度进行实时人工干预和控制。

襄阳通过实施该应用，依法科学地分配通行权利，改善了通行秩序，提高了交通设施的资源利用率和道路交叉口的通行能力和通行效率，减少了交通延误和资源浪费，提升了区域和城市路网的承载能力，进而有效缓解交通拥堵。相较之前，智能化改造之后的路口通行效率平均提高 25%。

（五）特殊场景类典型应用案例 [1]

1. 四川面向隧道等无 GNSS 信号场景的 V2X 车路协同通信技术与应用

中信科智联科技有限公司（以下简称"中信科智联"）联合四川数字交

1　案例根据 IMT-2020（5G）推进组 C-V2X 工作组公开征集材料整理形成。

通科技股份有限公司，通过 C-V2X 的空口同步技术和 1588 V2 协议解决了隧道内车路协同路侧设备与车载终端的时间同步难题，实现高速公路主干道与隧道全场景连续 C-V2X 通信全覆盖，进一步打造车联网与高速出行融合创新的良好应用环境，如图 11-15 所示。

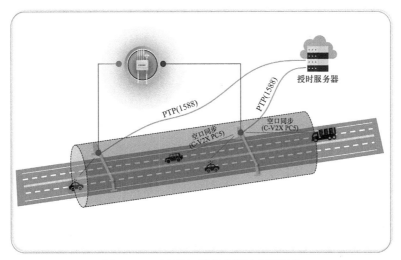

图 11-15　四川智慧高速隧道项目架构

本项目已在四川蜀道集团智慧高速项目中进行了规模安装和部署，实际覆盖隧道内里程约 360km，基于时钟同步实现雾区提醒、超速告警、道路施工提示、跟车过近提醒、异常停车提醒、临近车道并线提示等多种安全与信息服务应用，以及重点车辆全程监控（隧道定位不丢失）等车路协同应用，提升高速通行安全、通行效率和突发事件应急处置能力。

2. 柳州工业园区无人驾驶重卡物流车案例

目前封闭园区内的物流正面临运营成本高、司机招募困难等问题。园区业主迫切希望在装卸、运输、配送、仓储等环节转型升级，向自动化、智能化、无人化发展，提升运营效率。基于此背景，东风柳州汽车有限公司联合希迪智驾及中国移动广西分公司，共同发布"乘龙领航MAX"园区智能网联电动物流解决方案，实现首个园区物流无人驾驶重卡（无安全员）商业化运营，如图11-16所示。

图 11-16　柳州工业园区无人驾驶重卡

无人物流车场景选取广西汽车集团新能源整车基地–柳州五菱汽车工业有限公司柳东基地约4.61km半开放道路为部署区域，实现智能网联示范应用在工业园区内的短途物流运输，后续也将打通外部开放道路的路权，实现厂区间的全无人物流车配送。同时，自动驾驶系统配备远程驾驶系统，若自动驾驶途中遇到突发情况，工作人员可通过远程驾驶系统操控驾驶，保障作业安全。

3. C-V2X车联网道路交通碳中和应用

中信科智联基于车路协同的智能交通碳中和应用以通用的车路云架构为基础，以已有的路侧智能网联基础设施为感知设备，通过接入路侧融合感知设施数据，监测实时道路交通情况，提供精细化的车速、车型、道路流量等排放相关数据。通过RSU下发减碳策略与行驶建议，应用路侧边缘计算单元，将区域出行（OD）数据转化为碳排放数据上报平台。

同时，通过接入平台的车载终端数据，提供云端服务，完善碳排放测算模型，并通过可移动道路观测站与低速自动驾驶车辆结合，为碳排放数据采集提供多源对照组。道路交通碳排放平台系统架构如图 11-17 所示。

通过建设道路交通碳排放平台，支撑用户实时监管区域道路碳排放数据及制定管理减碳策略。通过绿色出行 App 提供个人低碳出行及碳普惠激励，引入绿色激励、绿色生活、碳足迹跟踪、碳交易市场等机制，让人民获得绿色出行体验，企业获得碳减排收益，推动城市双碳目标的达成，分阶段实现绿色低碳精细化管理与商业闭环。

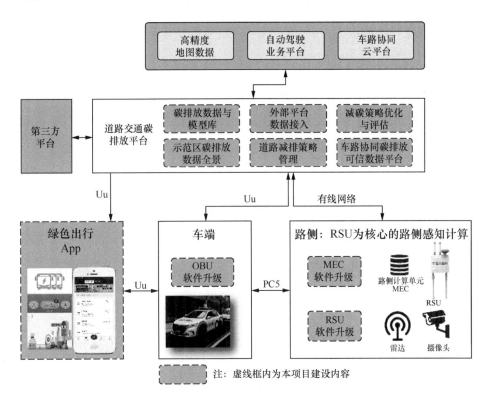

图 11-17　道路交通碳排放平台系统架构

4. 天津基于车联网的末端物流智能配送

天津（西青）车联网先导区获批建设以来，在基础设施建设方面，智能化升级改造 408 个路口，总长 449km，覆盖面积约为 342.2km²。

天津先导区与京东联手，共同在天津市西青区推动智能物流配送场景的创新发展及商业应用。项目在天津市西青区部署京东物流智能快递车，为居民社区、企事业单位、写字楼等提供末端物流智能配送服务。

智能快递车借助于距离传感器、激光雷达与摄像头等模块功能，通过采集外部环境信息并依托内置智能算法进行信息加工建模，实时加载绘制的高精度地图，可按照运行轨迹实现障碍物识别及避障行走，借助人机交互功能实现快递的收发。装配 V2X 功能的智能快递车与路侧系统实现全方位的信息交互及车路协同，能够通过对实时交通信息的分析，自动选择路况最佳的行驶路线，从而大大缓解交通堵塞。

目前京东主要在天津西青区的张窝小镇、曹庄子等区域投放了 50 余辆智能快递车，智能快递车有多种车型，可以满足不同场景的配送需求。车辆每天的运营时间是 9：00 ～ 21：00，每天每台车 2 个波次，覆盖该区域居民的快递包裹配送；每辆车辆单次载重约 200kg，车辆续航里程 100km，可以根据营业站点货物量、站点配送、社区需求等随时配送，能够降低快递员的工作强度，提升配送效率。在京东"618"购物节期间，在包裹量巨大的情况下，智能快递车起到很好的运力辅助作用。

5. 无锡自动驾驶无人环卫清扫应用

仙途智能是位于锡东商务区的总部企业。2023 年 5 月，仙途智能中标商务区智慧环卫一体化项目，该项目是仙途智能在全国范围内规模最大、无人化程度最高的常态化运营项目，在该项目中仙途智能投入了最新的纯电动驾驶环卫洗扫设备（如图 11-18 所示），实现了区域内全路段洗扫工作的无人化作业，提升了环卫作业效率以及环卫作业质量，实现了无人驾驶赋能基础环卫作业。

图 11-18　仙途智能自动驾驶清扫车

该试点运营项目在锡东新城落地，获得了社会和各级媒体的广泛关注，在民众感知层面，加深了老百姓对无人驾驶车辆的认知，提升了城市形象。目前自动驾驶清扫车在商务区内已开展常态化清扫运营，已完成区内超百万平方米的道路保洁与数十万平方米的绿化保洁工作，车队累计作业里程近 70000km，累计作业时长达 13000h。

仙途智能面向环卫作业的环卫车无人驾驶系统方案，通过整车线控系统、感知数据＋高精 SLAM 定位＋多目标优化的动态路径规划、多传感器数据融合等技术的研发，实现具备 L4 级别自动驾驶能力的环卫车辆。基于该无人驾驶系统方案，车辆能够完成多种垃圾识别与追踪、自动唤醒、自动泊车、自动规划、贴边清扫模式、自适应清扫模式、动态障碍物识别，且上述工作不需要人工参与。

6. 冀东水泥 5G 无人驾驶矿卡

在 5G 网络条件下，冀东水泥通过对现有矿卡进行线控改装并部署自动驾驶系统，同时对挖掘机进行协同作业系统部署，实现挖掘机卡车协同作业、矿卡无人驾驶运输、自动卸料的矿区采、运、排全流程自动化作业。通过智能集群调度平台管理，无人驾驶矿卡可以与矿区复杂生产作业无缝衔接，实现基础的自动驾驶、智能避障、远程接管等功能。结合矿区的生产流程和生产条件，冀东水泥有针对性地开发了多车协同装载、智能卸载等应用。

（1）协同装载：如图 11-19 所示，无人驾驶矿卡及半自主挖掘机可进行智能挖掘机卡车协同作业，更加高效、顺畅地完成土方、矿石等物料装载，并自主起步驶离装载点，沿规划路径进入车道内行驶。

图 11-19　协同装载

（2）自主卸载：如图 11-20 所示，无人驾驶矿卡自主运输矿石等物料至指定排土场，并进行自主转弯、掉头，在感知系统的引导下安全低速倒车，通过自适应挡墙实现在卸载区车辆能够根据挡墙位置进行局部规划路径倒车，精准停靠在卸载点，实现精准卸料，并在卸载完成后自主驶离卸载点。

图 11-20　自主卸载

▷ 第十二章
车联网建设运营模式

车联网作为新型基础设施的典型代表，正在逐步探索形成一种新型建设运营模式：前期以基础网络、平台等的建设为主；中期打造稳定的运维服务体系；后期通过信息服务、数据产品等产生经济效益，凭借改善交通效率与交通安全来提升社会效益，并通过支撑产业链企业技术产品研发形成产业效益。结合信息技术从前期小规模建设示范走向最终大规模商业化推广的一般规律，车联网在建设推广的前期也是通过政策引导、公共投资补贴等形式拉动建设落地，应用在政府（G）端、企业（B）端和个人（C）端价值效益逐步被证明，后期的市场化投资、建设与运营逐步演进，实现商业闭环。具体而言，在此过程中需要在技术层面确保各地按照统一的标准规范开展建设和运维，在业务层面建立起标准化的业务服务体系以开展运营服务，并在商业层面逐渐验证存在可闭环的商业模式。

（一）当前建设运营模式类型

车联网新型基础设施建设投资模式仍处于创新探索阶段，各地根据实际情况选择不同的建设与运营模式。例如，长沙、德清采用投资运营一体化模式，政府投资成立专业运营公司，负责区域内所有路侧基础设施及云平台的建设和运营，这可以有效保证区域范围内基础设施的互联互通与服务一致。广州、南京等地则采用投资运营分离模式，各区建设由区级国有资产和企业自行实施，市级成立运营主体牵头组织运营，最大化地激发各区投资、建设热情，基础设施和场景建设更符合区域需求。柳州则采用合资运营模式，建设资金由国有平台与行业企业联合出资，运营主体则由国有企业平台承担，实现投资运营分离，同时保障运营阶段的专业性。

目前，部分特定场景已有部分社会资本进行投资并运营，实现一定经济收益。例如，自动驾驶出租车已在北京、武汉、长沙等多地开展常态化商业运营，车辆投入及运营成本均为社会资本，政府则提供准入及监管服务，并提供政策支持；合肥无人驾驶配送车企业与快递物流、本地商超之间达成合作，组成配送车队，目前已实现商业闭环；此外，在公园、园区、港口等半封闭场景，不少企业自主投入车辆并建设路侧设备，实现部分区域内的车联网应用。

车联网持续赋能各类主体，探索形成多种商业模式。在 G 端，基于车联网路侧感知设备和云平台的数据分析处理系统为公安交警、交通等部门提供各类服务，产生收益，如无锡依托路侧感知能力为公安交警部门提供道路监控服务，可为交警部门节省感知设备安装费用。在 B 端，车联网路侧设施为公交公司、车企等提供网联测试环境和信息服务，产生商业收益，如各地路侧系统为网联车辆提供测试环境；长沙为福特、丰田等车企有偿提供信号灯下发服务，为公交车提供信号优先服务；苏州"轻车熟路"系统提供路侧全息感知服务，可降低车端感知成本。在 C 端，协同通过软件应用和智能硬件推广等多种模式，快速打开用户市场，逐步探索商业模式，一方面，通过导航应用程序、小程序等为民众提供导航等服务，在实现 C 端快速推广的同时吸引用户长时间驻留，通过广告等方式获取收益；另一方面，通过合作开发智能后视镜、车载终端等，并向车主售卖，实现精准触达。

（二）地方实践案例

1. 投资运营一体化模式

（1）长沙市

长沙是投资运营一体化模式的典型样板城市。湖南湘江智能科技创新中心有限公司（以下简称"湘江智能公司"）作为长沙市发展智能网联产业的国企平台公司，探索了引领国内智能网联产业培育"政府＋国企平台＋生态企业"的"长沙模式"，又称"铁三角"模式，政府端制定规划、政策、行动方案，国企平台端搭平台、聚生态、促发展，生态企业端开展产品研发生产，三者相互赋能、优势互补。

长沙市政府明确湘江智能公司为长沙市智能网联新基建（含"车路云一体化"应用试点）的市级建设运营主体，统筹智慧城市发展需要，遵循智能网联新基建投建运营一体化管理原则，对城市基础设施进行集约建设，按照"国企平台统筹建设＋社会资本参与＋政府购买服务"的总体思路，根据不同项目情况灵活采取合适的建设模式，有序推进智能网联新基建投资建设模式优化。对功能性的新基建项目，采取"政府投资＋国企平台公司代建"模式，如 2019 年长沙市"两个 100"项目；对政府部门有需求的新基建项目，主要采取"国企平台公司建设＋政府购买服务"模式；对具有经营性资源的新基建场景建设，可以采取"国企平台公司＋生态企业共建＋政府购买服务"模式，以全市一盘棋为目标统筹推进。强化建设运营一体化公司专业资质能力，支持其承接车联网、智能交通和智慧城市等领域的项目建设。

长沙市政府支持湘江智能公司加强与汽车、互联网、信息通信等领域企业合作，开展面向政府、行业、个人的智能交通、智慧出行、公共服务、数据服务等运营业务，探索商业化、市场化运营模式。面向市场需求，围绕运营服务、服务保障、安全要求、保护措施、应急预案等方面建立"车路云一体化"运营服务体系，保障数据质量和服务在线。例如，湘江智能公司已向福特中国、广汽丰田5000多辆车提供车联网预商用服务，2000多辆长沙智能网联公交车行程时间平均缩短了约13.3%，已完成湘江新区梅溪湖实验小学护学点等3处智慧护学场景示范建设，在智能网联商业运营方面开展了一系列有益探索。

（2）德清县

德清也采用投资运营一体化模式推动车联网新基建规模化发展。浙江德清莫干山智联未来科技有限公司（以下简称"莫干山智联公司"）为德清车联网基础设施建设和运营单位，负责全县范围的智能网联路侧基础设施、云控平台的建设和运营工作。项目建设资金由莫干山智联公司自有资金投资，资产持有方与运营方均为莫干山智联公司。

莫干山智联公司在车联网基础设施的运营方面进行了多项探索并取得显著成果。首先，在公开道路测试服务方面，公司与大众、吉利等车企对接，开展封闭和开放道路测试。其次，公司基于德清"揭榜挂帅"项目，为无人车企业提供OBU租赁安装及运行里程统计服务。此外，莫干山智联公司积极探索数据资产化和入表工作，依托自动驾驶场景及产品开展数据资产入表探索。这不仅为公司带来潜在的经济收益，也为数据要素运营与资产化进程打下坚实基础。

在产品布局方面，莫干山智联公司依托路侧基础设施和云控平台实现信号灯下发、实时路况提示、事件提示等基础功能，并拓展至停车场导航、车位预约等增值服务。在硬件方面，公司考虑与硬件厂商合作推出V2X智能化终端，承接后续车载智能终端的推广工作，实现公交车道动态通行、停车场不停车缴费等功能，进一步拓宽服务范围和增强用户体验。莫干山智联公司还注重数据治理能力建设，计划按照《数据管理能力成熟度评估模型》（DCMM）标准建设数据治理体系。

2. 市区两级协同的建设运营模式

南京市基于车联网先导区的建设基础和未来车联网基础设施的布局，采用市区两级协同的建设运营模式推动车联网产业的规模化发展。南京交通运营管理集团有限公司（以下简称"南京交通集团"）为南京市车联网基础设施建设和运营单位，负责统筹全市的智能网联路侧基础设施、云控平台的建设和运营工作。各区的建设运营主体则负责实际项目建设和运营工作，目前江宁区已有的区级建设运营主体为江苏软件园科技发展有限公司，建邺区区级建设运营主体为江苏未来都市出行科技集团有限公司。

南京市车联网应用涵盖 G 端、B 端和 C 端。其中，G 端面向车端交通大数据应用，通过车路协同互联互通数据交换平台对交通信号机、路侧单元、环境感知、监拍点位、停车场、充电桩等道路基础设备设施进行数据采集，构建新型四级交通诱导体系，覆盖城市道路、城市快速路、高速公路、国省道路等道路环境；B 端面向公共出行需求，对自动驾驶运营车辆的运营时间、运营班次、运行速度、运营线路、停靠站点等进行任务规划和路线规划；C 端面向个人出行，打造车路协同手机应用，使百姓在主干路、园区、居民区、学校等智能道路基础设施覆盖的区域接收到车路协同消息，同时服务于智能网联车辆和普通社会车辆。

在数据流通探索方面，南京市发布了停车行业数据产品——"南京'宁停车'特许经营停车场停车行为分析数据产品"，该数据产品包含南京市城建集团自主运营的 21 个停车场的特征信息、车辆进入车场时间数据、停车时长数据和支付方式等各类数据，截至 2023 年 12 月底，数据总量超百万条。该数据产品可用于准确分析停车行为模式、预测停车需求、提高个性化推荐的精准度，综合考虑用户停车偏好、停车成本、停车场距离等因素，为广大市民提供更优的停车选择与服务。

3. 地方合资运营模式

柳州正在积极探索车联网建设运营合资模式。前期由国资企业柳州市东科智慧城市投资开发有限公司作为投资主体，现在正积极推动引入社会资本参与车联网项目的"共建共营"。通过建立政企合作机制，推动政府由"经营者"转变为"监管者"，发挥车联网生态企业在整合设计、建设、运营、管理等方面的综合优势，打破依靠财政单一投入发展局面，探索建立合理的利益共享机制，促进智能交通和智慧城市的建设。

目前，柳州结合本地汽车产业生态，积极推动车联网与上汽通用五菱、东风柳汽等本地汽车企业的产品创新深度融合。其中，上汽通用五菱以宝骏新能源车作为运输载体，打造"5G 专网云控物流调度 + 车路协同"应用场景，已常态化投入 15 台车辆用于物流运送，安全里程超 7500km。东风柳汽的智能网联货运重卡在公开道路已运行 153h，安全里程 5148km。南方智运积极改造 WarmCar 智能网联分时租赁共享汽车，打造绿色城市，共享出行场景，探索智慧出行商业模式。

4. 电信运营商合作模式

（1）中国移动

中国移动推动 5G+V2X 通信融合，深度支撑城市基础设施有用、易用，向车企、民众提供车端 C-V2X 服务。例如，在无锡，中国移动与本地平台无锡车城智联科技有限公司在技术、建设和运营方面开展深度合作，支持本地平台公司打造数据运营服务能力。早期无锡车城智联科技有限公司开展了面向全市民众提供 C-V2X 服务的运营推广工作，利用中国移动的 C 端服务体系，研发具备 C-V2X 功能的后视镜等智能终端，并形成了 10 万用户规模的触达推广，实现普通民众对 C-V2X 的初步了解。后续在公安部交通管理科学研究所、本地交警部门的支持下，实现全市近 2000 个道路信号灯数据的授权开放服务，通过基础通信服务面向图商、第三方应用服务商和车企提供信号灯数据，完成无锡市域车路信息服务的规模化应用。同时中国移动提供低时延超可靠的 5G 算网服务，支持在无锡开展自动驾驶运营工作，配合相关运营主体打造城市级无人驾驶车安全监管调度中心，助力本地无人驾驶小巴规模应用。

（2）中国电信

中国电信携手苏州地方国资平台和相关企业共同设立新型混合所有制企业天翼交通科技有限公司，该公司支撑苏州进行智能网联汽车"车路云一体化"建设和运营工作。在路端建设方面，苏州市已建设完成超 200km 的智能网联数字化道路，覆盖城市开放道路、高速公路、国省干道和隧道等各类别道路场景。以场景需求为导向分级建设智慧道路，充分利用现有设施，轻重融合提升资金利用效率，其中建设全息道路 57.5km，实现 L2 级车辆依靠纯路端感知完成 L4 级自动驾驶。在云网建设方面，苏州市落地跨市区两级的统一架构、跨域共用的云控平台，通过标准化车路云一体化网关，贯通接入相城区、常熟和工业园区等三区一走廊网联数据，面向车端构建了用于接入订阅平台数据服务的标准化车端软件开发工具包。同时，利用 5G 网络切片、基于 5G 无线技术构建高效、稳定的面向车端的专网，实现分等级确定性网络。目前，累计建成超过50个智能网联汽车示范应用场景，道路应用示范车辆超600辆，无人驾驶出租车Robotaxi、无人驾驶公交车Robobus等获得广泛应用。与此同时，还积极探索数据运营模式，挖掘多样化数据，实现"数据＋管理／服务"的应用场景全流程解决方案，包括面向行业企业、政府的需求方，基于数据安全和共享机制，提供各类数据产品。

综上所述，不同建设运营模式各有优劣势，需要结合各地城市格局、经济基础、产业生态选择最适合自身发展的模式，其中建设运营一体化模式推进高效、更容易培育本地产业链链主企业，但也存在前期资金压力大等不足；市区两级协同的建设运营模式更容易调动各区积极性，更适用于产业发展"遍地开花"的大中型城市，但也要在市级层面做好平台数据汇聚、服务质量对齐、通信互联互通等统筹；地方合资运营模式，需要在前期明确运营方向，进而吸引社会资本参与；电信运营商合作模式，有利于发挥电信运营商在5G网络能力和C端用户体系上的优势，需要找好运营商结合的切入点。

从不同地方实际运营效果来看，车联网先导区、示范区建设初见成效，基础设施部署初具规模，但各地已建的车联网基础设施覆盖面积、数量、密度有限，需进一步规模化推广以实现商业化落地，全面提升公众出行体验；各地广泛开展智能网联汽车安全驾驶、交通效率及信息服务等车联网典型应用，经过数年运营，示范区域交通效率显著提升、安全事故明显减少，小部分场景实现商业化，但目前仍处于价值闭环阶段，还需进行规模化验证；产业链主体日渐丰富，初步形成以通信芯片、通信模组、终端设备、整车制造、运营服务、测试认证、高精度定位及地图服务等产品为主的产业链生态，从产业层面为大规模的商用部署奠定了基础。

但同时，可以看出目前距离最终规模化、商业化运营尚存在较大的差距。一是在政策方面，目前多类型数据的权属认定及运营管理要求、数据安全分类分级等政策管理要求需进一步明确，从而给相关主体企业的运营体系能力建设和未来发展方向提供指引；二是在技术方面，目前大部分运营主体尚缺乏电信运营商成体系的网络规划与优化、平台服务等级保障等的运维保障能力，相关行业标准也尚未出台，不利于相关服务运维体系的建立与常态化运作；三是在机制方面，车联网建设主要由各地方主导，各地之间尚缺乏统一对外提供服务接口的协同机制，导致相关汽车企业需要各城市分别对接，大大增加了实现规模化应用的成本；四是在商业方面，受限于C-V2X技术本身的广播特性以及当前相对碎片化、项目制的建设模式，C-V2X车联网尚未基于规模化网络环境孵化出丰富的应用生态和商业模式，并在业界产生了车联网属于公共性还是商业化基础设施的争论，不利于产业按照统一的方向协同发力。

面向未来，产业界仍需明确瞄准车联网向规模化、商业化运营的目标演进。从长期看，车联网将按照"梅特卡夫定律"实现规模化发展，即网络的价值等于该网络内的节点数的平方，而且该网络的价值与联网用户数的平方成正比。当车联网用户数目越多，整个网络和该网络内应用服务的价值也就越大，体现出车联网发展的全连接特性。彼时，车联网将成为一张具备丰富应用生态的全局全域性网络，迸发强大的数字经济活力。从中短期看，产业界需要加快在政策层面明确电信服务、数据管理要求等指引，在技术方面加快出台相关运维技术要求标准体系，在机制方面加快形成跨域协同、统一对外的运营机制，在商业方面加快面向企业用户或面向个人用户等多种运营模式探索落地，从而加快形成一张资产属地化管理、技术标准化运维、运营协同化对外、商业广泛化创新的车联网。

第四篇

展望篇

第十三章

车联网发展的一些思考

近年来，车联网智能网联协同发展共识逐步深化、态势明确、成效显著。智能座舱、辅助驾驶等智能网联汽车产品从技术验证向前装量产迭代，"路－网－云"新型基础设施由规模化部署向常态化运营转变，汽车、信息通信、交通运输等关联产业生态由链式向网状演进并向着基于数据的数字经济时代新价值链延伸。本书第1、2章诠释了车联网作为新质生产力在赋能跨行业数字经济发展方面的重要价值和意义，全面阐述了车联网的内涵及其发展历程；本书第3章到第9章从技术和产业视角，梳理总结了"车、路、网、云"车联网主要参与要素的技术、产品、解决方案等演进进程，总结提炼了车联网的安全管理与防护体系，描述了数据作为核心资源在产业化过程中的重要表现；本书第10、11和12章从行业测试验证活动、典型应用部署案例和基础设施建设运营模式3个维度介绍了车联网产业的技术与产品成熟度以及在形成规模化、商业化推广方面所作出的重要实践。

（一）车联网产业发展仍然面临的现实挑战和难题

当然，在全书编制的过程当中，我们也深刻认识到，由于车联网产业涉及汽车、信息通信、交通运输等多个行业，又需要兼顾考虑技术创新、产业经济、社会治理等多重属性，作为一个复杂性系统工程，车联网产业发展仍然面临跨行业技术研发与产业链深度协同、跨区域基础设施协同、新应用新服务新模式规模化推广等现实挑战和难题。

例如，在跨行业技术研发与产业链深度协同方面，车联网产业的技术路线选择、标准规范制定、应用服务推广等仍然存在挑战，存在"网等车、车等路、路等网"的局面。汽车行业寄希望于通过路侧交通基础设施和信息通信网络基础设施的先行建设来适度解决车端渗透率不足的问题；而交通运输行业则认为在车辆联网渗透率较低的情况下，其难以维持基础设施的新建和后续维护；同时汽车行业、交通运输行业均表示各自行业的产品或系统跟不上信息通信行业技术演进迭代周期。从中可以看出各个行业对于车联网产业发展均存在各自的困惑和疑虑，亟须跨行业出台协同统一的顶层规划和产业政策，引导产业明确技术路线选择、阶段性应用推广目标与基础设施部署计划等；也需要产业各方加强车联网技术体系、核心技术标准等协同研究，尽可能促进基础设施共建共享、平台互联互通和数据共享。

再如，在跨区域基础设施协同部署方面，区别于传统电信运营商主导4G/5G网络的统一规划建设运营模式，当前各地车联网基础设施多数由各个城市的车联网投资主体以及高速公路公司等多元化主体负责建设运营，分散化的建设运营模式在一定程度上会导致不同地方车联网基础设施的服务范围受局限、缺少跨区域的业务切换与调度机制、缺少统一的业务服务模板、缺少基础设施维护，面临无法提供全域连续稳定的车联网服务和一致用户体验的挑战。此外，部分主体缺乏业务运营经验和应用推广能力，容易出现"重建设、轻运营"的局面，难以形成规模化应用效应。站在汽车行业智能网联产品与应用服务升级的角度，迫切希望推动跨区域之间车联网基础设施的部署协同和服务连续覆盖。站在车联网基础设施投资建设运营主体的角度，也希望能够遵循统一的体系架构，建设标准化、互联互通的基础设施环境，避免出现"烟囱式"建设、效果良莠不齐等现象，影响用户体验和产业规模化发展。

此外，在新应用新服务新模式规模化推广方面，区别于车载信息娱乐服务具有成熟的应用服务链条和商业模式，智能网联汽车驾驶安全、通行效率类应用以及交通数字化治理等车联网应用仍处于新应用新服务培育期，各应用场景的核心价值还有待于进一步深入挖掘，尤其是在车联网基础设施覆盖度低、车端渗透率低的情况下，尚无法满足产业各方对车联网规模化应用效应的期待。此外，产业链多环节各方协同不足，缺少对于可持续发展模式的探索，尚未形成社会、经济等多元化价值空间体系。以红绿灯提醒等安全与效率类应用场景为例，具有较高的社会价值属性，经济效益属性必然低于传统信息娱乐应用场景，产业各方也仍在讨论是否应当就红绿灯等信息面向终端用户进行收费等问题。

（二）车联网产业发展的展望与思考

在车联网产业发展进入快车道的关键时期，产业各方应坚持以智能化与网联化协同发展为主线，以多场景价值应用的规模化部署为牵引，推动新型基础设施适度超前进行建设，推动跨产业链深度融合创新。产业各方应通过构建"物理分立、逻辑协同"的"人－车－路－云"车联网体系架构，以技术统一、模式统一、业务统一为基础，以数据贯通融合和深度挖掘为驱动，通过车联网基础设施的协同部署和全程全网的连续性业务覆盖，打造广域融合的车联网新应用与新生态。其中，"物理分立"要求在业务服务区域内部署完整的、标准化的车联网系统，保障业务服务的完整性；"逻辑协同"不仅要求各服务区域内车联网系统的架构、功能保持一致，符合统一的通信协议、数据接口和业务模板等，还要求满足跨区域的互联互通、业务协同和安全统一管理。在此体系架构当中，"车－路－云"是核心能力载体，"网络连接"是要素连接纽带，"数据"是价值拓展资产，"安全防护"是产业发展基石。

1. 夯实发展底座，构建"车－路－云"协同的基础设施

"车－路－云"包括智能网联汽车、路侧感知系统和多层级车联网应用服务平台，它能够提供泛在精准的数据来源、高效融合的计算分析和灵活开放的接口服务，支撑实现用户服务体验一致的车联网应用。

智能网联汽车具备环境感知、智能决策和控制执行功能，通过车－车、车－路、车－云间的标准化数据传输，为车联网业务提供车辆实时状态信息和环境感知信息，形成"车－路－云"协同感知、协同计算、协同决策的信息流闭环。智能网联汽车通过车内传感器，以及对视觉感知、雷达感知的融合处理，结合高精度定位，提供车辆状态、乘员状态、交通参与者、行驶环境等多维感知能力；它还通过车载计算平台提供智能决策，支撑自动驾驶相关的智能预测和决策，以及人－车智能交互和车载信息服务；它还能够结合新型电子电气架构，支持通过数字化的决策与控制指令对车辆驾驶状态、车身状态进行控制与执行。

车联网路侧感知系统通过状态全面感知能力，为智能网联汽车和道路交通管理者提供全面、准确的数据支撑，并提供面向车辆的多车协同决策或控制、定位增强、感知共享、车辆计算卸载等功能，以及面向交通／道路的交通优化、道路交通信息发布等服务能力。车联网路侧感知系统通过融合高精度时空同步、多视角异质异构多源传感器，构建对重点路口路段的全息化感知能力，实现对车辆和平台的高可靠数据支撑；它利用感算一

体化、专用硬件加速等手段，构建低成本、超可靠、低时延的路侧感知与计算设备，从而降低对广域道路的大范围覆盖成本，进一步降低路侧系统服务的计算处理时延，提升应用效果与性能；它还通过构建系统性能分级体系，匹配汽车、交通等不同行业应用对感知能力的差异化需求，实现服务能力的精准匹配。

车联网应用服务平台采用"边缘－区域－中心"多层级架构，具备数据底座和基础服务两部分核心功能，旨在提供高效的信息处理能力和接口标准、灵活开放的服务能力。在架构上，"边缘－区域－中心"各层级平台分布于不同业务服务区域。中心平台为区域数据汇聚枢纽，负责全域统筹，实现跨区域业务迁移、多区域业务协同；区域／边缘平台汇聚本区域细粒度的全量数据，并进行业务场景细化与实现。在核心功能上，数据底座依托多源数据实时融合计算、交通大数据非实时挖掘、交通事件分析与处理等基础功能，提供海量数据共享、实时、弱实时和离线数据计算处理，以及静态与动态事件信息提取、多事件联合分析等能力，为各类车联网应用服务提供数据源支撑。基础服务纵向覆盖管理和业务两种服务类型，管理面满足基础设施运维管理、接入设备管理等多方面功能需求，业务面上各层级平台提供实时性不同、业务服务区域范围不同的应用服务。

2. 优化互联互通，形成全要素互联的网络连接

车联网网络提供网络互联和数据互通两部分核心能力，支撑车联网系统的全面融合。其中，网络互联通过功能实体之间的连接，实现端到端的数据传输；数据互通通过标准接口实现跨实体的数据交互，基于统一的语

义体系实现数据的相互"理解"，是实现信息融合的基础。网络互联依托固移结合、公专互补、蜂窝网络与直连通信融合的网络部署方案，提供广域覆盖、灵活适宜的通信能力，满足不同类型业务的端到端的数据传输需求；它支持自动化运维体系，面向网络拓扑、网络资源、网络运行状况、设备运行状况等对象进行运维管理，实现网络故障的精准研判和智能预警，保障网络的可用性和可靠性。数据互通制定"人－车－路－云"之间标准化的通信接口，形成跨行业、跨地域互联互通的基础；其语义体系为多源数据提供了统一完备的数据对象表达、描述和操作模型，实现不同系统间数据的互相"理解"，支撑数据有机融合，进而实现数据的正确、高效使用。

3. 创新可持续商业模式，挖掘数据的多维度应用价值

当今社会经济加速向以数字产业为重要内容的经济活动转变，车联网广泛拓展到汽车数字化转型、智能化新型基础设施建设与智能交通服务体系等众多方面。产业界需要深度挖掘汽车、交通等垂直行业数字化、智能化转型升级需求，加快5G、C－V2X直连通信、人工智能等新一代信息通信技术与汽车"研发－生产－销售－服务"全流程以及交通运输与管理全环节的深度融合，支持汽车由单一产品向服务载体转变，构建车路协同智能交通体系。

数据驱动应用服务创新与价值链延伸，"感知"数据采集、"计算"数据处理和"执行"数据应用3个步骤形成数据全生命周期链条，通过"人－车－路－云"要素内外部的数据流转，打破行业壁垒，连接信息孤岛，实现信息数据融合。车联网依托广泛部署的车端/路侧感知设备、车载通

信终端、手机等手持便携式终端，收集智能网联汽车、行人的位置及状态、道路交通状态等信息，实现数据的泛在采集，形成全面的信息来源；在大数据、人工智能等技术支持下，实现融合分析，决策优化等数据计算功能，消耗已有数据产生新数据，实现信息增熵；最终的数据执行则是按照决策数据来改变物理实体状态，提供新型的车联网产品功能及服务。在此过程中，各功能实体内部和跨实体之间的数据流转将打通信息孤岛，是单一数据处理环节组合形成数据链条的关键连接，也是数据价值传递和更新的关键通道。最终车联网将通过状态全面感知、数据全面共享的基础能力，支撑构建服务于不同场景、不同目标群体的商业价值、产业价值和社会价值的综合体系，持续探索商业模式创新。

4. 强化安全管理，构筑全方位安全防护体系

车联网安全涉及终端、通信、平台、应用程序等对象，相关产业主体需要对其网络安全和数据安全分别开展保护，同时通过构建完善的安全保障措施，形成以安全技术为核心，以安全制度为支撑的安全防护体系。在网络安全方面，以身份认证、访问控制、密码等技术为基础，结合防火墙、安全网关、入侵检测、态势感知等网络安全防护产品，提升车联网关键设备、基础设施、应用程序及网络系统的纵深防御能力。在数据安全方面，相关产业主体对数据和个人信息实行分类分级管理，以数据加密、数据脱敏、隐私保护等技术为基础，保护数据收集、存储、使用、加工、传输等处理活动中的安全、合规使用。按照相关管理规定要求，相关产业主体开展数据安全风险评估、重要数据处理情况报送、出境备案和安全评估等工作。在安全保障方面，相关产业主体通过协调联动整车企业、零部件企业、车联网平台企业等产业链上下游，提升网

络安全意识，落实主体责任，建立企业网络安全和数据安全管理体系，制定安全事件应急预案，定期开展网络安全和数据安全风险评估和应急演练，提升隐患排查、漏洞管理、风险评估、安全监测和突发事件应急处置等管理水平。

参考文献

[1] 工业和信息化部 . 国家标准化管理委员会 . 关于印发《国家车联网产业标准体系建设指南（总体要求）》系列文件的通知 [EB]. 2018.

[2] 工业和信息化部 . 关于加强车联网网络安全和数据安全工作的通知 [EB]. 2021.

[3] 工业和信息化部 . 关于加强智能网联汽车生产企业及产品准入管理的意见 [EB]. 2021.

[4] 工业和信息化部 . 关于印发《智能网联汽车道路测试与示范应用管理规范（试行）》的通知 [EB]. 2021.

[5] 工业和信息化部 . 关于印发车联网网络安全和数据安全标准体系建设指南的通知 [EB]. 2022 .

[6] 中国信通院 . 车联网白皮书（2022 年）[R]. 2022.

[7] 中国信通院 . 车联网白皮书（2023 年）[R]. 2023.

[8] 中国信通院 . 车联网蓝皮书（数据赋能）（2024 年）[R].2025.

[9] IMT-2020（5G）推进组 C-V2X 工作组 . C-V2X 业务演进白皮书 [R].2019.

[10] IMT-2020（5G）推进组 C-V2X 工作组 . 车联网无线场景评估 [R].2019.

[11] IMT-2020（5G）推进组 C-V2X 工作组 . MEC 与 C-V2X 融合路

侧感知与计算系统 [R].2021.

[12] IMT-2020（5G）推进组 C-V2X 工作组 . 城市场景车路协同网络需求研究 [R].2022.

[13] IMT-2020（5G）推进组 C-V2X 工作组 . 5G 远程遥控驾驶应用场景 [R].2022.

[14] IMT-2020（5G）推进组 C-V2X 工作组 . C-V2X 与单车智能融合功能及应用白皮书 [R].2023.

[15] IMT-2020（5G）推进组 C-V2X 工作组，移动通信与车联网国家工程研究中心，中国汽车工程学会 , 等 . 车路云一体化网络建设部署指南 [R].2024.

[16] IMT-2020（5G）推进组 C-V2X 工作组 . 车联网 C-V2X "四跨"先导应用实践活动总结报告 [R]. 2023.

[17] IMT-2020（5G）推进组 C-V2X 工作组 . 车联网典型应用案例集（2023 年）[R]. 2023.

[18] 中国通信标准化协会 . 车联网安全标准化白皮书（2023 年）[R]. 2023.

[19] 中国信通院 . 车联网创新生态发展报告 [R]. 2022.

[20] 中国信通院 . 数据要素白皮书（2022 年）[R]. 2022.

[21] 中国汽车工程学会 . 基于 C-V2X 的智能化网联化融合发展路线图（征求意见稿）[R]. 2023.

[22] ERTRAC. Connected, Cooperative and Automated Mobility Roadmap [R]. 2022.

[23] CCAM. Strategic Research and Innovation Agenda（2021-2027）[R]. 2021.

[24] 崔明阳，黄荷叶，许庆，等 . 智能网联汽车架构、功能与应用关键技术 [J]. 清华大学学报：自然科学版，2022，62（3）: 493-508.

[25] 李静林，刘志晗，杨放春 . 车联网体系结构及其关键技术 [J]. 北京邮电大学学报，2014，37（6）: 95-100.

[26] 林晓伯，郑圣，邱佳慧，等 . 5G+MEC 承载车联网业务传输性能测试与验证 [J]. 现代电子技术，2024，47（3）: 171-178.

[27] 工业和信息化部 . 基于移动互联网的车路协同应用场景及技术要求 [S]. 2024.

[28] 上海市车联网协会 . 支持高级别自动驾驶的 5G 网络规划建设和验收要求 [S]. 2023.

[29] 上海市车联网协会 . 支持高级别自动驾驶的 5G 网络性能要求 [S]. 2023.

[30] 中国通信标准化协会 . 基于 5G 的远程遥控驾驶 通信系统总体技术要求 [S]. 2022.